MENTES

LIBRES

Contenuto

LA CAPACITÀ DI RISOLVERE PROBLEMI

LIBRO 1

LA CAPACITÀ DI RISOLVERE PROBLEMI

Introduzione

Probabilmente usi la risoluzione dei problemi ogni giorno. È spesso dato per scontato. Le persone non si rendono conto di quanto sia meravigliosa e importante la risoluzione dei problemi. Molte persone non lo riconoscono nemmeno come un'abilità. In effetti, la maggior parte delle volte la soluzione dei problemi viene naturale.

La risoluzione dei problemi può essere definita come un'arte. L'arte del problem solving è qualcosa che impariamo in giovane età. Ci aiuta per tutta la vita ed è qualcosa di cui non potremmo vivere. Essere in grado di risolvere i problemi è un'abilità di vita. È importante e deve essere preso sul serio per i migliori risultati.

Vedere il problem solving come un'arte può aiutarti ad apprezzarlo di più.

Puoi iniziare a utilizzare il problem solving al massimo delle sue potenzialità e rispettare davvero l'importanza del problem solving. Hai solo bisogno di saperne di più sulla risoluzione dei problemi come abilità e arte.

Capitolo 1: L'importanza di risolvere i problemi

La risoluzione dei problemi è un elemento fisso nella vita. Devi essere in grado di risolvere i problemi. I problemi sorgono ogni giorno. A volte sono piccoli e a volte sono grandi. A volte risolvere un problema è una questione di vita o di morte e altre volte è semplicemente una questione di sanità mentale. Indipendentemente dal motivo per cui è necessario risolvere un problema, non si può negare di averne bisogno.

Se sei un genitore, la risoluzione dei problemi è un'abilità senza la quale non potresti assolutamente vivere.

I bambini sono pieni di problemi e come genitore spetta a te aiutarli a trovare la soluzione. A volte devi essere creativo perché i problemi che sorgono possono essere abbastanza difficili da risolvere senza un piccolo pensiero creativo.

Lo stesso si può dire negli affari. Le aziende hanno molti problemi e spetta ai dipendenti trovare un modo per risolverli. Ancora una volta, a volte semplici tecniche di risoluzione dei problemi non funzionano perché alcuni problemi richiedono più abilità per risolverli.

Ti imbatti in problemi ogni giorno, dalle forature degli pneumatici al recupero di una linea di prodotti fallita. Sei un risolutore di problemi e probabilmente non te ne rendi nemmeno conto. Tuttavia, dovresti prestare attenzione alle tue capacità di problem solving.

È comune per le persone dare per scontato la risoluzione dei problemi. Lo facciamo così tanto che non è difficile credere che diventi

naturale. È questa familiarità con la risoluzione dei problemi che ci porta a dare per scontato e a non essere più creativi nella risoluzione dei problemi.

Se pensi a come hai risolto i problemi quando eri un bambino, è probabile che tu sia molto più creativo allora. Ora è probabile che tu vada direttamente ai metodi provati e veri invece di provare nuove cose.

Il problema con questo, tuttavia, è che dare per scontato la risoluzione dei problemi può renderti un risolutore di problemi pigro . Potresti non perdere più tempo a cercare di risolvere un problema, ma invece vai a una soluzione provata e vera. Potrebbe non essere la soluzione migliore, ma poiché sei un saggio risolutore di problemi , non ti prendi il tempo di usare le tue capacità di problem solving per cercare di trovare una soluzione migliore.

La risoluzione dei problemi può essere un processo straordinario, ma spetta a te farlo invece di essere qualcosa che fai perché devi farlo. Hai la capacità di diventare un grande risolutore di problemi, ma devi iniziare a vederlo come un'arte.

Capitolo 2: Risoluzione dei problemi dal punto di vista di un bambino

Come accennato, i bambini risolvono i problemi in modo molto diverso rispetto agli adulti. Questo perché i bambini hanno meno capacità di problem solving e molta meno esperienza di problem solving. Tuttavia, il modo in cui i bambini risolvono i problemi può insegnare molto.

Un bambino affronta un problema con una mente aperta. Probabilmente non qualcosa che fai. Probabilmente affronti un problema con alcune nozioni preconcette su come andrà a finire. Probabilmente lo approcci con un atteggiamento negativo e vedi il problema come un fastidio. Un bambino, d'altra parte, lo vede come una sfida. Pensano che un problema sia un grande mistero e sono entusiasti di risolverlo.

È probabile che diventino frustrati quando non riescono a risolvere immediatamente il problema. Un bambino, tuttavia, sarà più eccitato. Proveranno cose diverse fino a quando non troveranno ciò che funziona.

Sperimenteranno e continueranno a farlo fino a quando non avranno successo.

Un bambino risolve i problemi di meraviglia, meraviglia e persistenza. Gli adulti vogliono risolvere i problemi da soli perché vogliono prendersi il tempo per risolverli correttamente.

La differenza tra il modo in cui adulti e bambini risolvono i problemi parla di quanto diamo per scontato la risoluzione dei problemi. Gli adulti tendono a preoccuparsi così tanto di quanto tempo ci vuole per risolvere un problema da essere effettivamente felici di riuscire a risolverlo.

Se si può semplicemente suggerire tecniche di risoluzione dei problemi simili a quelli dei bambini, si dovrà trovare che la risoluzione dei problemi diventa più facile e più divertente. Inizierai a vedere la risoluzione dei problemi come un'arte piuttosto che un inconveniente. Incorporerai **SKILL**.

Capitolo 3: Risoluzione dei problemi Aspetti

L'arte di risolvere i problemi implica molto più che saltare alla soluzione più semplice. Prenditi il tempo per analizzare il problema. Devi trovare diverse soluzioni in modo da poter trovare la soluzione perfetta. Devi fare uno sforzo consapevole per risolvere un problema in un modo nuovo o migliore.

Ecco alcuni aspetti della risoluzione dei problemi che è necessario iniziare a utilizzare. Dovresti prendere questi aspetti e applicarli la prossima volta che hai un problema, non importa quanto sia grande o piccolo. Quindi sarai in grado di comprendere l'arte della risoluzione dei problemi.

• **Sii flessibile:** Come detto, devi andare oltre la tua zona di comfort. Devi evitare l'impulso immediato di provare il vero e provato. Devi essere flessibile ed essere disposto a provare qualcosa di diverso. Non saprai mai quanto può essere grande una soluzione se non la provi.

• **Prenditi del tempo per pensare**: Potresti dover fare un passo indietro e considerare la situazione prima di agire. Dovresti fare un brainstorming sui diversi modi in cui puoi risolvere questo problema. Analizza le tue opzioni e fermati prima di agire.

• **Fai domande:** Parte della risoluzione di un problema è creare nuove domande a cui rispondere.

Potresti pensare che sia sciocco e aggrava il problema, ma in realtà porre domande porterà a soluzioni più profonde.

• **Guarda il problema in un modo diverso:** Non affrontare il problema come faresti normalmente. Prova a pensare diversamente. Evita le tue tendenze naturali.

All'inizio questo può essere difficile, ma una volta che ti sarai abituato a pensare diversamente, arriverà naturalmente.

• **Pensate al piccolo modo convenzionale:** Pensa che le soluzioni non abbiano senso. Potresti essere sorpreso e imbatterti in un'idea non convenzionale che è la soluzione perfetta per il tuo problema.

Usando queste idee, puoi iniziare a vedere la risoluzione dei problemi in un modo completamente nuovo. Non solo passerai alla conclusione ovvia, ma sarai effettivamente in grado di trovare la soluzione perfetta.

Tutto ciò che comporta è fare un passo indietro e prendere tempo. Non tutti i problemi devono essere risolti immediatamente. Sono quei problemi che ti permettono davvero di mettere a frutto l'arte del problem solving.

Capitolo 4: Problem Solving Skills

La risoluzione dei problemi comporta molte abilità diverse. Le abilità più importanti sono descritte di seguito.

- **Pensiero creativo:** Devi essere in grado di pensare in modo creativo e vedere oltre l'ovvio se vuoi essere un buon risolutore di problemi. Non puoi limitarti all'ovvio perché nella maggior parte dei casi ciò non risolverà mai il problema. Devi essere disposto a pensare in modo diverso , fare brainstorming e trovare una soluzione unica. Il pensiero creativo può rendere una persona un perfetto risolutore di problemi. Essere in grado di pensare in modo creativo consente a una persona di trovare soluzioni a problemi a cui gli altri non pensano nemmeno. Una persona è in grado di inventare buone idee che potrebbero non essere così ovvie. Il pensiero creativo è qualcosa che può essere di grande beneficio per quasi ogni professione perché il pensiero rapido è una grande abilità.

- **Ragionamento:** Il ragionamento ha un posto nella risoluzione dei problemi, ma è importante non lasciare che il tuo ragionamento superi la tua creatività. Il ragionamento è molto utile, perché ti aiuterà a eliminare le idee buone da quelle cattive per arrivare alla soluzione finale.

- **Obiettività:** Devi essere obiettivo quando ti avvicini a un problema. Non puoi avere idee preconcette su come finirà la situazione o su come risolvere rapidamente il problema. Devi affrontare un problema con una mente aperta e la capacità di provare cose diverse per risolverlo.

- **Atteggiamento positivo:** Il tuo atteggiamento può contribuire notevolmente al tuo successo come risolutore di problemi. Devi essere positivo. Se affronti un problema pensando che non sarai in grado di risolverlo, probabilmente non sarai in grado di farlo. Devi pensare positivo e credere in te stesso.

Queste abilità ti aiuteranno molto ad essere un buon risolutore di problemi . Le abilità menzionate sono alcune delle cose principali di cui hai bisogno per essere in grado di risolvere i problemi in modo costruttivo.

Se possiedi queste abilità, devi perfezionarle. Se non hai queste abilità, devi lavorarci sopra. Se prometti di diventare un buon risolutore di problemi, allora devi avere queste abilità per aiutarti.

Puoi anche sfruttare queste abilità per aiutarti a risolvere meglio i problemi.

Ci sono anche altre abilità non elencate sopra che possono aiutarti a essere un buon risolutore di problemi. Devi solo identificare ciò che sai già o fare che potrebbe essere utile per risolvere i problemi.

Prendete un un elenco delle tue capacità. Scoprirai che molte cose che potresti non vedere esattamente come un'abilità sono in realtà un'ottima risorsa per le tue abilità di problem solving. Rivedi le tue abilità e scopri come ciascuna di esse può in qualche modo avvantaggiare la tua capacità di risolvere i problemi.

Capitolo 5: Ricerca di un metodo di risoluzione dei problemi

Non tutti risolveranno i problemi allo stesso modo. Questa è solo una parte di ciò che rende ognuno di noi individui unici. Tuttavia, puoi imparare dagli altri e come risolvono i problemi. Possono usare una tecnica che è nuova per te o qualcosa che funziona davvero e che vorresti usare. Guarda come gli altri risolvono i problemi e vedi cosa puoi imparare da loro.

Esistono molti metodi di risoluzione dei problemi. Probabilmente usi un metodo e segui questo per risolvere ogni problema che trovi. Questa può essere una brutta cosa. Dovresti provare metodi diversi perché a volte un metodo funziona meglio per un problema particolare rispetto a un altro.

Esistono tre modi principali per risolvere i problemi:

1.Domande: Alcune persone risolvono problemi ponendo domande. Guardano il problema e chiedono "Cosa succede se" - cosa succede se provo questo o cosa succede se succede? Attraverso le domande sono in grado di vedere i possibili risultati. Ciò consente loro di trovare la soluzione migliore che sembra essere quella che funzionerà per risolvere il problema.

2. Sviluppare un processo: Per l'individuo più organizzato o il problema più complesso a volte può aiutare a sviluppare un processo di risoluzione dei problemi. Questo di solito comporta l'analisi del problema, la proposta di soluzioni diverse, il collaudo delle soluzioni e infine l'applicazione della soluzione scelta. È un modo molto strutturato di risolvere un problema.

3. Brainstorming: Per i più creativi nella risoluzione dei problemi, c'è il processo di brainstorming. Ciò implica semplicemente sedersi e pensare a numerosi modi per risolvere il problema. Alcune idee potrebbero essere là fuori e va bene. Usare il pensiero innovativo ed essere creativi può aiutare una persona a trovare una soluzione non convenzionale a un problema.

Essere in grado di risolvere i problemi è qualcosa con cui tutti siamo nati. È davvero il modo in cui approcci la risoluzione dei problemi che ti aiuterà a determinare quanto sei bravo a risolverli.

Dovresti essere disposto a provare metodi diversi e modi diversi di risolvere i problemi. Ciò ti consentirà di poter proporre molte opzioni come soluzione al tuo problema.

Questo ti dà una migliore possibilità di trovare la soluzione perfetta e mettere in pratica l'arte del problem solving.

Una volta che hai sviluppato una buona conoscenza del problem solving che va oltre il suo bisogno fondamentale, puoi quindi iniziare a riconoscere e comprendere veramente l'idea del problem solving come arte.

Sei in grado di iniziare a utilizzare la risoluzione dei problemi in modo diverso. Puoi iniziare a diventare un maestro nella risoluzione dei problemi. Le persone inizieranno a vederti come la persona nella soluzione. Verranno da te per consigli e aiuto in caso di problemi.

Puoi anche evitare problemi nella tua vita e risolverli quando si presentano. Scoprirai presto che l'arte del problem solving è qualcosa senza la quale non puoi vivere.

Essere in grado di vedere la risoluzione dei problemi in modo diverso ti aiuterà ad affrontare i problemi in modo diverso. Non li temerai quando compaiono, ma li abbraccerai e inizierai a lavorare alla ricerca di una soluzione.

Oltre a gestire i problemi, la risoluzione dei problemi ti aiuterà a rendere la tua vita molto più fluida. Sarai in grado di gestire le avversità più facilmente. A lungo termine, inizierai a sentirti meglio con te stesso e ad essere più felice nel complesso.

La risoluzione dei problemi non è solo un'abilità , ma un'arte. Può cambiarti la vita in meglio. Essere in grado di risolvere i problemi in modo rapido ed efficiente è qualcosa che non tutti possono fare.

Non tutti possono vedere un problema e considerarlo una sfida. Alcune persone semplicemente crollano di fronte a problemi. Queste persone hanno difficoltà nella vita e negli affari. Possono salire al vertice del gioco con le loro abilità di problem solving.

Tutto inizia con la capacità di riconoscere i problemi e mettere a frutto i metodi di risoluzione dei problemi. Devi mantenere la calma e il livello della testa in modo da poter trovare la soluzione che funziona meglio.

Capitolo 6: Rinuncia al negativo

Una delle chiavi per diventare un buon risolutore di problemi è rinunciare al negativo. Devi affrontare il problem solving in modo positivo o non arriverai mai da nessuna parte.

Molte volte le persone affrontano un problema con la mente già formata che non lo risolveranno mai. Se pensi di non poter fare qualcosa, allora probabilmente fallirai quando proverai. Devi pensare positivamente. Devi affrontare un problema pensando di poterlo risolvere, nessun problema.

Un atteggiamento positivo è quello di mantenere una mente aperta, che è importante per la risoluzione dei problemi in generale. Quando affronti un problema con un atteggiamento positivo, puoi facilmente evitare di sentirti frustrato. Sei più aperto a far fluire le tue idee e hai maggiori probabilità di provare varie soluzioni.

Un atteggiamento positivo può essere solo l'unico problema. Pensa a come affronti i problemi. Ti capita sempre di entrare nella situazione pensando di non risolvere mai il problema? Se è così, forse cambiando semplicemente il tuo atteggiamento puoi migliorare la tua capacità di problem solving.

Provalo. La prossima volta che affronti un problema, pensa positivamente. Dì a te stesso che puoi farlo, che puoi risolvere il problema. Non lasciarti trasportare dal negativo.

Un atteggiamento positivo è una cosa importante quando si tratta di risolvere i problemi. Non dimenticare che il tuo

atteggiamento può avere una grande influenza. Mantienilo positivo per i migliori risultati.

Capitolo 7: Esercizi di risoluzione dei problemi

Esistono molti modi per esercitarsi nella risoluzione dei problemi. Devi solo prenderti il tempo per esercitarti. Come con qualsiasi abilità, più ci lavori, meglio lo farai. Devi esercitarti per essere un buon risolutore di problemi.

Ecco alcuni esercizi che puoi fare per aiutarti a diventare un risolutore di problemi migliore, aprire la mente ed entrare nello stato mentale di problem solving.

Esercizio 1: Gioca. Qualsiasi tipo di gioco, sia esso un gioco da tavolo, un gioco di carte o anche una ricerca di parole, ti aprirà la mente. Ti fa pensare. Ti aiuta a risolvere i problemi e mettere la tua mente in modalità di risoluzione dei problemi. Gioca spesso in modo da poter sviluppare la tua mente e abituarti a risolvere i problemi.

Esercizio 2: Gioca con un bambino. I bambini sono liberi di pensare. Usano sempre la loro immaginazione. Vedono il mondo che li circonda come fantastico ed eccitante. Esplorano costantemente. Amano affrontare i problemi. Trascorrere del tempo con un bambino ti permetterà di vedere il mondo come loro. Puoi portare via un po 'della loro meraviglia e meraviglia che puoi usare nella risoluzione dei problemi.

Esercizio 3: Sperimenta qualcosa di nuovo. Quando provi qualcosa di nuovo, guadagni nuove cose, espandi la tua mente e ti apri a nuovi problemi che devono essere risolti. Sarai in grado di praticare il tuo problem solving e imparare qualcosa allo stesso tempo.

Esercizio 4: Risolvere i problemi che hanno già una soluzione. La pratica rende perfetti, quindi è necessario esercitarsi nella risoluzione dei problemi. Il modo migliore per farlo è quello di prendere i problemi che sono già stati risolti. Scopri come è stata trovata la soluzione.

Come è stata trovata la soluzione? Esaminando una soluzione del problema, puoi imparare molto sul processo di risoluzione dei problemi. Sarai in grado di estrarre alcune informazioni chiave da questo esercizio che ti aiuteranno a risolvere i problemi in futuro.

Questi quattro esercizi non sono le uniche cose che puoi fare, ma dovresti avere una buona idea di cosa devi fare per aiutarti a iniziare a pensare come un insegnante di problem solving. Si tratta di aprire la mente e praticare i metodi di risoluzione dei problemi.

Capitolo 8: Un esempio di problem solving sul lavoro

Il concetto di come i bambini risolvono i problemi rispetto a come gli adulti risolvono i problemi è qualcosa che deve essere pienamente compreso. È molto importante perché perdiamo quelle buone capacità di problem solving man mano che cresciamo.

Parte della ragione di ciò è che diventiamo più logici. Non vogliamo più provare a essere creativi. Vogliamo andare direttamente a ciò che siamo sicuri funzionerà . Non proviamo nient'altro e se ciò che pensiamo funzionerà non funziona, ci sentiamo frustrati.

Un'altra cosa è che perdiamo il nostro senso di sperimentazione. Non vogliamo prenderci il tempo di provare idee diverse o persino di trovare idee diverse. Diventiamo pigri.

Come già accennato, i bambini fanno le cose in modo molto diverso. Ecco un esempio illustrato di come un bambino e un adulto possano affrontare lo stesso problema.

Situazione : Matias e suo figlio, Matias junior, ricevono un sistema di videogiochi per connettersi a un televisore. Matias ha 28 anni e Junior 8. Nessuno dei due ha istruzioni e nessuno dei due ha istituito un sistema come questo prima.

Matias: il primo istinto Matias è quello di rimuovere tutti i cavi e pezzi e posizionarli bene. Quindi esamina ogni pezzo per vedere come si adatta tutto insieme. Determina che dovrebbe esserci un cavo che va dalla TV al sistema di gioco e scegli quello che sembra buono. Quindi aggancia tutti i cavi nei punti in cui sembra andare e accende il sistema solo per scoprire che non c'è nulla di sbagliato. Sgancia tutto e riprova ancora e ancora. Alla fine si sente frustrato e chiede se il sistema è guasto.

Junior: Junior si tuffa direttamente nelle corde di collegamento. Termina con il sistema collegato alla TV, ma non succede nulla. Si rende conto di aver dimenticato di collegare il sistema e lo fa, ma ciò non lo fa apparire in televisione. Invece di sganciare tutto, inizia a giocare con la televisione. Terminare la modifica del canale e violare il sistema che funziona.

Matias si arrese rapidamente e si dimenticò dell'ovvio: collegare il sistema. Il primo istinto di Matias fu quello di inventare una scusa e dire che il sistema era rotto. Junior continuava a provare e provare cose nuove fino a quando non lo scoprì.

La differenza nel modo in cui hanno risolto il problema è chiara. Matias probabilmente lo avrebbe risolto alla fine, ma Junior è stato quello che ci è riuscito davvero. Non si è mai arreso ed era disposto a sperimentare. Inoltre l'ovvio non è stato perso perché era concentrato su altre cose come suo padre.

Il modo in cui i bambini risolvono i problemi è sorprendente. È davvero qualcosa da cui puoi imparare.

Quando risolvi un problema, cerca di essere più simile a Junior e meno a Matias .

Conclusione

La risoluzione dei problemi è un'arte perché ci vuole una vera mente creativa per essere un buon risolutore di problemi. Implica il pensiero creativo ed è qualcosa che puoi imparare a fare. Come arte, deve essere tenuto in grande considerazione. La risoluzione dei problemi dovrebbe essere presa sul serio, ma non troppo sul serio.

Come dimostrato, gli adulti tendono a perdere le proprie capacità di problem solving. Gli adulti sono troppo veloci per voler fare le cose. Non si prendono il tempo per pensare davvero. Il pensiero è una parte importante della risoluzione dei problemi. Pensare implica non solo guardare l'ovvio ma anche considerare l'ovvio.

I bambini sono insegnanti a problem solving perché non hanno paura di provare nulla.

I bambini lavoreranno e sperimenteranno e impiegheranno del tempo per risolvere un problema. A loro non importa se le persone pensano di essere strane per passare così tanto tempo a risolvere un problema. Si divertono cercando di risolvere i problemi e lo vedono come una sfida o un gioco piuttosto che un lavoro.

Gli adulti, d'altra parte, preferiscono rinunciare piuttosto che fare uno sforzo. Vedono la risoluzione dei problemi come un'altra cosa che devono fare. È lavoro. Non c'è niente di divertente.

Non riescono a vedere che la risoluzione dei problemi può essere divertente ed eccitante - è solo il modo in cui ti avvicini e lo guardi. Quindi dobbiamo ripensare i problemi e affrontarli come facevamo da bambini.

Devi affrontare i problemi con un atteggiamento positivo. Devi credere che puoi risolvere il problema e non pensare immediatamente a quanto sarà difficile. Devi credere nelle tue capacità. Il dubbio può uccidere anche i migliori sforzi per risolvere il problema.

Se non pensi mai di poter risolvere un problema, probabilmente non sarai mai in grado di risolverlo.

La tua mente è molto potente. Probabilmente ti è stato detto prima che tutto ciò che ti viene in mente può essere realizzato. Bene, lo stesso vale per ciò che la tua mente è contro. Se pensi di non poter fare qualcosa, non sarai in grado di farlo. E 'davvero così semplice. La tua mente è così potente. Pensa alla materia, quel detto dice tutto.

Devi provare cose diverse e cercare una soluzione invece di aspettare che la soluzione diventi chiara. Devi lavorare sulla risoluzione dei problemi, ma allo stesso tempo devi essere creativo nella risoluzione dei problemi.

La risoluzione dei problemi è qualcosa per cui siamo nati. I problemi si presentano in tutte le forme e dimensioni. Possono essere piccoli o possono essere enormi. Devi essere sempre preparato perché la maggior parte delle volte i problemi arrivano inaspettatamente.

Appariranno semplicemente e dovrai affrontarli.

Non puoi evitare problemi, quindi è ovvio che diventi un buon risolutore di problemi. Un buon risolutore di problemi sarà un bonus. È una persona buona da avere in giro.

Diventa quello strumento di risoluzione dei problemi. Sii la persona che tutti amano essere in giro. Sii la persona che può guardare una situazione complessa e trovare una soluzione. Non essere la persona che scappa e dice che non lo so o non posso farlo.

Non c'è posto per le parole negative quando si tratta di risolvere i problemi. Sempre ricordare che. Ricorda anche Matias e Junior. Sii un junior, non un Matias. Non mollare o inventare scuse. Affronta i problemi e sforzati di risolverli. Pensaci e puoi essere un grande risolutore di problemi.

Metti l'arte della risoluzione dei problemi a lavorare nella tua vita e rimarrai stupito di come funziona. Smetti di arrenderti e passali agli altri. Risolvi i tuoi problemi e sarai contento di averlo fatto.

IL GRANDE ESPERTO DI LEADERSHIP

LIBRO 2

IL GRANDE ESPERTO DI LEADERSHIP

Capitolo 1: The Leadership Gene

Il tema della leadership e della genetica è stato discusso e studiato da quando è stato creato il concetto di leadership. Gli sforzi di ricerca si sono concentrati sull'esplorazione del legame tra i due. I leader sono nati o creati? Sembrerà un cliché, ma fino ad ora, la genetica è ancora considerata un grande fattore nel determinare l'allenamento dei leader. Ma non tutti la pensano allo stesso modo. Potrebbe esserci del vero, ma fattori come le esperienze e le dinamiche sociali sono importanti anche nella leadership.

Non esiste un singolo fattore che determina la capacità di una persona di guidare.

Ogni fattore è importante fino a un certo punto.

Alcuni scienziati hanno una forte sensibilità riguardo ai fattori genetici e biologici e alla loro relazione con la leadership. L'interesse per il legame tra genetica e leadership proviene da persone della stessa famiglia che assumono posizioni di leadership nella società.

I Kennedy e la famiglia Bush sono due esempi. Più che la genetica, la scienza si occupa anche dei tratti biologici e fisici che i leader possiedono. Gli studi mostrano come la genetica contribuisce alle funzioni fisiologiche e psicologiche di una persona. Questi alla fine influenzeranno i tratti cognitivi e comportamentali della persona, che determinano se la persona è adatta per la leadership. Gli ormoni e i cambiamenti chimici nel corpo influenzano il funzionamento cognitivo di una persona, un aspetto molto importante della leadership.

Quando si tratta di leadership, è sempre una questione di natura contro natura.

Tuttavia, entrambi sono intrecciati tra loro e non possono essere separati.

La leadership non può essere discussa senza considerare entrambi allo stesso tempo.

Un esempio potrebbero essere i cambiamenti chimici e ormonali nel corpo che influenzeranno la disposizione di una persona. La disposizione influenzerà l'atteggiamento e il comportamento, che sono enormi fattori nella leadership.

Un esempio potrebbe essere una persona che soffre di disturbo bipolare.

Le persone con disturbo bipolare tendono a mostrare sbalzi d'umore molto drastici, passando facilmente dall'euforia alla depressione. Esistono diverse cause del disturbo bipolare, inclusi i neurotrasmettitori ereditati. Le tue tendenze bipolari influenzeranno la tua personalità, che influenzerà il tuo stile di leadership. Ciò non significa che le persone bipolari non siano leader capaci. In effetti, si dice che i più grandi leader del mondo fossero bipolari (ad esempio, Abraham Lincoln, Winston Churchill e Napoleon Bonaparte). Tuttavia, i suoi drastici sbalzi d'umore possono avere effetti negativi sulla sua leadership e sulla fiducia nei suoi seguaci.

Come accennato, i fattori esterni (genitori) nella leadership non possono essere esclusi. I Kennedy possono essere una famiglia di leader, ma tieni presente che i membri sono esposti allo stesso ambiente e valori. Sono esposti a quasi lo stesso gruppo di persone e circostanze. Anche se la genetica ha avuto un ruolo nella loro serie di leadership, il fatto che prosperino in un ambiente comune non può essere rimosso. Sono stati esposti allo stesso tipo di esperienze e sono stati allevati dallo stesso gruppo di persone che condividono anche gli stessi valori. Sono inoltre tenuti a sviluppare opinioni simili su questioni importanti e forse a sviluppare lo stesso stile di leadership.

Ci sono alcuni ambienti che favoriscono la formazione dei leader. L'ambiente svolge un ruolo molto importante nella formazione degli ideali, delle opinioni e dei valori di una persona. Se i bambini piccoli vengono allevati da genitori che promuovono comportamenti pro-sociali, i bambini cresceranno dall'aggressività irrazionale e formeranno relazioni sane con i coetanei. I modelli di ruolo contano molto per la formazione di tratti di leadership in una persona. Quando un bambino è circondato da persone con forti attributi di leadership, è molto probabile che anche il bambino assorba questi attributi. Allo stesso modo, i bambini circondati da modelli di comportamento aggressivo molto probabilmente si riveleranno aggressivi. Le capacità di aggressione e sociali sono molto importanti nella leadership perché per essere un leader efficace, l'individuo deve essere abile nel trattare con le persone. I leader devono stabilire una relazione con i loro colleghi e subordinati.

In generale, molti attributi di leadership sono modellati da fattori esterni. Anche se si afferma che le qualità di leadership sono inerenti a una persona, resta il fatto che una persona continuerà a svilupparsi finché sarà viva. Alcuni tratti saranno ulteriormente sviluppati da altri. L'atteggiamento e la personalità della persona saranno influenzati dalle persone che lo circondano. Altri fattori ambientali che influenzano la persona (ad esempio, l'atmosfera politica, le condizioni economiche, gli eventi che cambiano la vita) determineranno anche l'insieme dei tratti di leadership che possederanno. Tali sono le esperienze formative che un leader può produrre.

Relative alle esperienze formative sono le dinamiche sociali a cui la persona è soggetta. Ad esempio, una certa donna può avere buone capacità sociali e una forte convinzione, ma le sue qualità di leadership potrebbero non brillare al massimo se si trova in una società in cui gli uomini sono sempre considerati la figura alfa. Potresti avere il potenziale per la leadership, ma se pensi che gli uomini siano sempre il leader legittimo, non sarai in grado di mostrare le tue qualità di leadership al massimo. La posizione nella famiglia è anche un esempio dell'impatto delle dinamiche sociali sulla leadership. Molti bambini primogeniti hanno spesso la forma di diventare leader, sebbene non tutti si rivelino buoni leader.

Le dinamiche sociali sono in qualche modo fattori enormi, simili alla genetica e alle esperienze di allenamento. Tutti e tre contribuiscono allo sviluppo di un leader.

Alcune persone possono avere o meno qualità intrinseche di leadership, ma le esperienze e le relazioni di vita influenzeranno l'atteggiamento di una persona.

Le qualità di direzione possono essere migliorate lungo la strada. La crescita e lo sviluppo sono certamente cruciali nel determinare se la persona è adatta per essere un buon leader.

Gli stili di leadership variano ma sicuramente ci devono essere qualità comuni che sono comuni tra i grandi leader. Gli attributi misureranno se il leader sta facendo un buon lavoro per servire al suo scopo.

I buoni leader fanno una buona prima impressione non per le loro capacità e realizzazioni. Sebbene siano importanti, non sono le prime cose che la tua gente nota. Le persone sono attratte dai leader che

trasudano carisma. Il carisma è un tratto molto attraente e stimolante che possiedono molti grandi leader. Identificare il carisma non è facile perché non può essere articolato all'istante. Il carisma è una combinazione di molte cose: il modo in cui una persona si alza, si muove, parla, ecc. I leader carismatici hanno una visione (da discutere in seguito) e la capacità di articolare questa visione. Devono anche avere la capacità di comunicare con quante più persone possibile a livello emotivo. I leader carismatici fanno sentire agli altri che sono in grado di relazionarsi con la loro situazione, cosa che non è molto facile da fare. Alcune persone pensano che il carisma sia qualcosa che non può essere appreso. Per loro, è un tratto intrinseco di ogni persona. O ce l'hai o non ce l'hai. Ma i pensatori moderni non sono d'accordo con questa mentalità. Pensano che le persone alla fine possano imparare ad essere carismatiche, iniziando con l'essere educate, educate e rispettose. Il punto è essere "simpatici" e "simpatici" per gli altri.

I leader carismatici fanno sentire agli altri di essere in grado non solo di comprendere la propria situazione, ma anche di relazionarsi con essa. Non tutti hanno questa capacità, ma alcuni sono in grado di costruire carisma attraverso l'età e il tempo.

La leadership richiede buone capacità di persone e sensibilità ai bisogni degli altri, costruisce anche blocchi di carisma. Dopotutto, la leadership non esisterebbe se non ci fossero persone da guidare. Le abilità delle persone si basano su piccole cose che le persone non dimenticano. Ad esempio, apprezzano che i nuovi conoscenti ricordino i loro nomi anche se sono stati visti solo poche volte. Il carisma alla fine può svilupparsi, purché la persona si ricordi di far sentire altre persone a proprio agio e importanti.

La leadership inizia con un focus e una visione. I leader non devono essere individui

onniscienti, ma devono conoscere appieno lo scopo e la visione dell'organizzazione che stanno guidando. Solo concentrandoti puoi costruire un forte impegno e responsabilità. Inoltre, un leader deve avere le competenze necessarie nel suo campo. Ancora una volta, non ha bisogno di essere onnisciente ma è necessaria una conoscenza sufficiente sul campo per prendere decisioni valide.

Nessun leader può sopportare le sfide della leadership senza coraggio e forza di carattere. Di tutti i membri dell'organizzazione, le persone che hanno responsabilità di leadership non possono essere influenzate da niente o da nessuno. Il leader deve ricordare lo scopo e la visione della leadership in ogni processo decisionale. Il leader deve avere abbastanza coraggio per resistere a qualsiasi cosa o persona che minacci di minare quella visione. I buoni leader sono anche assertivi nel fare il lavoro e nel sostenere la visione dell'organizzazione. Lui o lei deve essere abbastanza assertivo da far sì che le persone adempiano ai loro obblighi.

I buoni leader dovrebbero sempre essere armati di creatività e ingegnosità perché alcune situazioni richiederanno loro di pensare fuori dagli schemi. Non tutti i problemi possono essere risolti con le formule dei libri di testo e soluzioni comprovate. Devono avere abbastanza coraggio per allontanarsi dai convenzionali e trovare modi migliori di fare le cose.

Infine, un buon leader deve avere molta passione e senso di servitù.

La leadership non è un'impresa facile e se un leader cerca di adempiere ai propri doveri senza passione, potrebbe non essere in grado di gestire le sfide.

La leadership è un'esperienza sulle montagne russe e senza passione, il leader può avere difficoltà ad accettare le difficoltà. Per quanto riguarda il senso di servitù, i leader non possono guidare se non sanno cosa serve. Inoltre, lo scopo del leader è quello di servire l'organizzazione e non solo dare ordini alle persone.

I capitoli seguenti approfondiranno ciò che rende un grande leader e come ottenere lo status, nonostante le sfide. Aiuteranno anche il lettore a migliorare le proprie attuali capacità di leadership e daranno loro un'idea di ciò che li attende come leader.

Capitolo 2: Diventare un grande leader

Leader diversi hanno stili di leadership diversi, ma devono tutti imparare a gestire la natura umana. Non è un compito così semplice considerando la diversità della natura umana. I grandi leader hanno la capacità di comprendere e lavorare con diversi atteggiamenti e personalità. Per essere un leader efficace, è necessario sviluppare buone capacità sociali per relazionarsi con diversi tipi di persone. Le competenze delle persone sono fondamentali per potenziare le persone, che è un compito primario nella leadership.

L'autore ha scelto due fattori principali da discutere quando si tratta di responsabilizzazione. Il primo, l'empatia, è fondamentale per stabilire linee aperte di comunicazione tra le persone in un'organizzazione. Il secondo, la motivazione, è importante affinché una squadra sia produttiva.

Empatia

Un buon leader deve imparare a entrare in empatia con le persone con cui lavorerà. L'empatia è la capacità di una persona di mostrare preoccupazione e comprensione delle prospettive degli altri. L'empatia non deve essere confusa con la simpatia. Quando simpatizzi con gli altri, ti identifichi con loro al punto da concordare con le azioni e i piani della persona. L'empatia non è d'accordo con una persona. L'empatia è essere in grado di mettersi nella posizione di un'altra persona e comprenderne i pensieri e i sentimenti.

Empatia non significa essere sempre d'accordo con la persona. L'empatia implica solo la comprensione del punto di vista di

una persona, anche senza dare consigli. Un leader efficace deve mostrare empatia verso le altre persone.

È fondamentale creare fiducia e rafforzare le relazioni tra le persone.

La produttività aumenta quando le persone che lavorano insieme condividono una relazione sana. L'empatia consente ai leader di approfondire la causa principale delle scarse prestazioni senza essere critici. Mettendosi nei panni degli altri, possono apportare cambiamenti migliori nella vita delle persone.

L'empatia svolge un ruolo molto importante nel potenziare le persone. Non devi essere d'accordo con ogni singolo punto di vista, ma come leader, devi lasciare che le persone intorno a te capiscano che le capisci e sai da dove vengono. Quando ti avvicini alle persone, non lasciare che i tuoi pensieri siano offuscati dal giudizio immediatamente. Mostrare empatia richiede tempo perché non è sempre facile capire perché le persone pensano e sentono come fanno.

Creando un ambiente in cui le persone si sentono a proprio agio nell'esprimere le proprie opinioni e pensieri, possono aprirsi all'ascolto empatico.

Quando parli con le persone, assicurati a chi parla di avere tutta la loro attenzione. Quando le persone stanno per confidare nei loro problemi, si sentono più a loro agio quando ricevono piena attenzione. Ascolta l'oratore con una mente e un cuore aperti. Resisti alla tentazione di giudicarlo. All'inizio questo può essere difficile perché i pregiudizi sono quasi inevitabili, ma la consapevolezza di avere il proprio set di pregiudizi dovrebbe aiutarti a evitare di dare giudizi immediatamente.

Evita di interrompere sempre l'altoparlante, anche se ti senti molto colpito da qualcosa. Non aver paura dei momenti di silenzio. Dopo che il relatore ha trasmesso i suoi pensieri, una breve pausa gli avrebbe permesso di dare un senso alla situazione e trovare la propria soluzione. Mentre l'oratore sta parlando, non limitarti ad ascoltare le parole che escono dalla bocca.

Dai un senso alle emozioni che accompagnano quelle parole. Più che parole, deve essere in grado di rispondere alle emozioni di chi parla.

Chiedi a persone pertinenti e sensibili di assicurare all'oratore che sei interessato e che vuoi comprenderlo. Spesso l'altoparlante si sentirà più a suo agio con il semplice sforzo e gesto.

Motivazione

Una buona leadership implica certamente capacità motivazionali superiori. Parte del potenziamento delle persone è la capacità di motivarle e farle muovere. Come leader, è importante sapere cosa motiva le persone intorno a te.

Inutile dire che la motivazione va di pari passo con l'empatia. Ogni persona ha aspirazioni, sogni e interessi diversi. Un buon leader deve trarne vantaggio in modo che ogni membro del gruppo si muova. Le persone lavorano per molte ragioni: reddito, sviluppo personale, crescita, ecc.

Il leader dovrebbe fare uno sforzo per parlare individualmente ai membri del suo team per conoscere la fonte o le fonti di motivazione di ogni persona.

L'idea sbagliata comune della maggior parte dei leader è che tutti i membri del team sono motivati dagli stessi fattori. Alcuni membri possono condividere le stesse aspirazioni, ma non sempre si applicano a tutti. La motivazione può essere molto personale, rendendo difficile per i leader inesperti motivare ogni singolo membro del team. Quando si tratta di motivazione, non esiste una cosa come "taglia unica".

Le forme più comuni di motivazione provengono da se stesse, note anche come motivazione interna. La motivazione viene dall'interno, quindi i leader devono mantenere buone linee di comunicazione con i loro membri per determinare ciò che motiva ciascun membro del team. Ci sono fattori esterni che motivano una persona, ma questi fattori devono anche essere armonizzati con fattori motivazionali interni. In un'organizzazione d'ufficio, la motivazione più comune sarebbe lo stipendio, ma i buoni leader sanno che qualcosa di più profondo del denaro motiva le persone. Ad esempio, perché le persone vogliono fare soldi? Hanno una famiglia da sostenere? Stanno risparmiando per andare a scuola? Queste motivazioni sono qualcosa che un leader può esplorare quando interagisce personalmente con i membri del proprio team. Le persone sono motivate quando stabiliscono obiettivi molto personali, a parte l'obiettivo da raggiungere nell'organizzazione.

Gli esseri umani non sono statici. Prosperano in costante sfida e incoraggiamento. Alle persone dovrebbero essere assegnati compiti che sono sempre più difficili ma comunque realizzabili. I loro compiti dovrebbero farli sentire orgogliosi di se stessi per aver vinto le sfide, piccole o grandi. I tuoi compiti dovrebbero essere impegnativi ma possibili. Assicurati di dare loro un feedback costante sulle loro prestazioni per dare loro un senso di realizzazione e dare un'occhiata alle loro prestazioni. Una delle fonti più facili di motivazione è la lode e il riconoscimento. Le persone sono più motivate a lavorare quando i loro risultati e sforzi ricevono il dovuto riconoscimento. Tuttavia, devi stare attento con il riconoscimento. Riconosci i risultati di una persona, ma non farlo in un modo che provoca invidia e malsana concorrenza tra colleghi.

In relazione alle sfide, un'altra fonte di motivazione per molte persone è un compito che spegne la loro sete di conoscenza. Le persone devono essere esposte a un ambiente in cui la loro curiosità è soddisfatta. Rendi il tuo ambiente di lavoro più interessante per suscitare curiosità e incoraggiare anche l'apprendimento.

Un leader deve scoprire costantemente cosa motiva i membri del team, come gruppo e come individui. I buoni leader non chiedono semplicemente senza mezzi termini ai loro membri cosa li motiva, perché non tutti lo sanno subito. Piuttosto, i buoni leader dovrebbero esplorare i valori di ciascun individuo.

Questo ti dà una visione più personale delle loro vite, rendendo più facile scoprire cosa li motiva.

Consentire a ciascun membro del team di fissare i propri obiettivi, ricordando loro di tanto in tanto di progettare i propri obiettivi in base all'obiettivo collettivo dell'organizzazione. Ciò darà loro un senso di controllo sulle loro vite, che è un fattore motivante molto importante per molte persone. Consentire loro di fissare i propri obiettivi ti darà uno sguardo più da vicino a come le loro azioni influenzeranno i propri obiettivi.

Puoi anche utilizzare il lavoro di gruppo o il lavoro di squadra come fattori motivanti. Questi sono efficaci per le persone a cui piace lavorare in gruppo. Ciò migliorerà la cooperazione e le relazioni nel team. Inoltre, è più probabile che le persone siano motivate quando sanno che le loro azioni influenzeranno il benessere delle altre persone. La cooperazione migliorerà e rafforzerà le relazioni tra i membri.

I buoni leader sanno anche come facilitare un ambiente competitivo per motivare le persone. Questa tattica è utilizzata in quasi ogni tipo di organizzazione. Una sana competizione risveglierà la produttività delle persone perché vincere una competizione dà alla persona un senso di realizzazione. I leader efficaci impareranno a usare la competizione per motivare tutti i membri del team.

Per quanto possibile, i leader dovrebbero incoraggiare ciascun membro a competere contro le proprie prestazioni (anche se sono in competizione con altre persone). I leader devono anche assicurarsi che la competizione paghi anche di fronte alla sconfitta. I leader devono stare attenti a non coinvolgere la loro squadra in una lotta di potere in cui ogni membro diventa manipolatore degli altri solo per vincere una competizione.

Come accennato in precedenza, persone diverse hanno motivazioni diverse.

Pertanto, è necessario coltivare una relazione personale con ciascun dipendente per testare i diversi fattori che potrebbero motivarli. Ad esempio, alcune persone sono motivate dalla concorrenza, mentre altre non funzionano bene sotto pressione. Potrebbe essere un processo "hit or miss" ma alla fine, troverai la motivazione di ogni persona. Tieni aperte le linee di comunicazione per scoprire come ogni individuo risponde ai fattori motivazionali.

Ricevi feedback regolari e verifica che i membri del tuo team siano motivati.

È anche importante monitorare i tuoi membri per vedere se mostrano segni di demotivazione. Svuota il più possibile lo spazio degli uffici da eventuali fattori di demotivazione. Mantieni una relazione salutare tra te e i tuoi membri. Dovresti anche assicurarti che i membri mantengano relazioni armoniose tra loro. Le persone sono più produttive quando hanno buoni rapporti con i loro leader e colleghi.

Infine, assicurarsi che gli obiettivi collettivi e individuali siano raggiunti.

In conclusione, la leadership e l'emancipazione delle persone riguardano la comprensione dei loro desideri più profondi e il loro aiuto nel fissare obiettivi che siano anche in linea con l'obiettivo collettivo dell'organizzazione. È molto importante che un leader rassicuri i suoi membri che appartengono a un'organizzazione in cui anche i suoi obiettivi e aspirazioni personali sono molto apprezzati.

Capitolo 3: Intelligenza emotiva nella leadership

La leadership non può aver luogo quando il leader non ha abbastanza intelligenza emotiva. Un leader con sufficiente intelligenza emotiva può superare le difficili sfide di leadership che non molte persone possono affrontare.

Gli studi condotti negli ultimi anni indicano che le persone con un'intelligenza emotiva elevata sono in grado di affrontare meglio i conflitti organizzativi in modo più efficace e rapido. Sono finiti i giorni in cui il puro intelletto veniva rapidamente identificato con un buon potenziale di leadership.

L'intelligenza emotiva è la capacità di una persona di riconoscere e gestire le proprie emozioni, così come le emozioni degli altri. Le emozioni possono fluttuare a causa di cambiamenti ormonali, stress e situazioni impreviste che si presentano, ma la giusta quantità di intelligenza emotiva aiuterà una persona a gestire efficacemente i cambiamenti emotivi.

Le persone hanno personalità, esigenze e preferenze diverse. Allo stesso modo, le persone hanno modi diversi di affrontare le situazioni ed esprimere le proprie emozioni. È necessaria una solida intelligenza emotiva per affrontare personalità diverse. Le persone possono provare emozioni diverse allo stesso tempo e, nella maggior parte dei casi, la sfida è riuscire a gestire le diverse emozioni delle persone senza causare conflitti e sforzare le relazioni.

Quando una persona ha abbastanza intelligenza emotiva, è in grado di riconoscere le proprie emozioni e il modo in cui influenzano le persone che lo circondano.

L'intelligenza emotiva è anche la capacità di una persona di capire come si sente un'altra persona. Va da sé che l'intelligenza emotiva è necessaria nella gestione delle relazioni.

In un'organizzazione, le persone che rimangono più a lungo tendono ad avere un'intelligenza emotiva elevata. In effetti, un'alta intelligenza emotiva è preferita alle persone con un alto QI ma una bassa intelligenza emotiva.

È facile lavorare con persone con un'intelligenza emotiva elevata , rispetto a quelle con un'intelligenza emotiva bassa. L'elevata intelligenza emotiva consente alle persone di raggiungere le cose coltivando buone relazioni. Possono mantenere il livello della testa anche in situazioni stressanti. Le persone emotivamente intelligenti non sono immuni all'agitazione o allo stress. Tuttavia, possono facilmente controllare la situazione e cercare una soluzione nel modo più calmo possibile. Pertanto, sono costretti a prendere decisioni valide perché gestiscono bene le proprie emozioni nel processo decisionale.

Perché le persone emotivamente intelligenti sono sensibili, non pensano troppo in alto o in basso di se stesse. Conoscono i loro punti di forza e di debolezza. Usano i loro punti di forza quando necessario, ma non li mostrano in eccesso. Allo stesso modo, sono abbastanza umili da guardarsi onestamente e riconoscere i loro punti deboli. Le persone emotivamente intelligenti non cedono facilmente alle critiche. Possono prendere obiettivamente le critiche e usarle per migliorare le loro prestazioni.

Le persone emotivamente intelligenti sono buoni giocatori di squadra perché si concentrano esclusivamente sul proprio successo. Le persone con un'intelligenza emotiva elevata cercano il successo dell'intero gruppo e sono disposte a modificare i propri interessi e i propri capricci per l'intero team. Sono buoni ascoltatori empatici con la capacità di leggere le emozioni e i sentimenti delle persone. Anche loro non giudicano immediatamente. Tentano di mettersi nelle situazioni di altre persone prima di raggiungere una risoluzione di un conflitto nelle relazioni.

Gli attributi sopra menzionati rendono le persone emotivamente intelligenti brave a gestire le persone e le relazioni.

Intelligenza emotiva e leadership

Sicuramente, le capacità eccellenti ed eccezionali sono risorse preziose in un'organizzazione. È difficile ignorare una persona con brillantezza spudorata e talento geniale. Tuttavia, i criteri per un buon leader vanno oltre l'abilità e il talento. Per rimanere in un'organizzazione, una persona ha bisogno di molta intelligenza emotiva.

Questo è molto vero, soprattutto se la persona aspira a guidare un'organizzazione un giorno. Il leader ha molte responsabilità che richiedono più di abilità e talento. Tutte le responsabilità che derivano dalla leadership possono essere svolte bene solo se il leader è dotato di intelligenza emotiva.

La leadership è un'attività sociale. I leader devono coltivare continuamente la loro intelligenza emotiva per essere in grado di gestire diversi tipi di personalità all'interno di un'organizzazione.

L'intelligenza emotiva è normalmente equiparata alle "abilità delle persone". L'intelligenza emotiva non riguarda solo le capacità delle persone, anche se ci vuole molta intelligenza emotiva per affinare le abilità delle persone. La leadership richiede la costruzione e il mantenimento di relazioni con varie personalità. Solo un leader con un'intelligenza emotiva elevata può costruire e mantenere relazioni forti con la sua squadra. Un'elevata intelligenza emotiva consentirà a un leader di interagire con varie personalità e motivare comunque ogni membro del team a raggiungere l'obiettivo dell'organizzazione.

La leadership richiede intelligenza emotiva, specialmente in tempi di conflitto e pressione. Conflitti e problemi derivano da tutti i tipi di angolazioni. I conflitti interni possono derivare da persone dell'organizzazione che stanno combattendo tra loro. Per gestire tali problemi, un leader ha bisogno dell'intelligenza emotiva per tenere sotto controllo le emozioni. In tempi di estrema pressione, i leader devono essere in grado di evitare esplosioni esplosive. Un buon leader deve essere in grado di mettere le cose in prospettiva piuttosto che soccombere a esplosioni emotive. Gestire un team di personalità diverse è gestibile quando un leader ha la giusta quantità di intelligenza emotiva. Un leader empatico che è rispettoso di tutti i membri del team ha abbastanza intelligenza emotiva per affrontare i membri problematici dell'organizzazione senza interrompere le relazioni. L'intelligenza emotiva da parte del leader gli consentirà di aiutare il membro problematico ad esprimere i suoi sentimenti in modo sano.

Il processo decisionale è un altro compito di leadership che richiede un'immensa intelligenza emotiva. Ci saranno molti fattori che influenzano la decisione di un leader, inclusi fattori esterni, critiche e situazioni impreviste. Un leader emotivamente intelligente sarà abbastanza saggio da valutare i pro ei contro di ogni situazione prima di prendere una decisione. I leader con intelligenza emotiva hanno abbastanza capacità per prendere decisioni rapide e ponderate. I leader devono essere emotivamente intelligenti per prendere decisioni indipendenti, senza essere influenzati da fattori non necessari. L'intelligenza emotiva è necessaria per vedere chiaramente e obiettivamente i punti di forza e di debolezza, specialmente i tuoi. I leader hanno bisogno di dare una buona occhiata ai loro beni e ai loro punti deboli per prendere una decisione e alla fine dare seguito.

Esercitare e migliorare la propria intelligenza emotiva per la leadership

L'intelligenza emotiva può svilupparsi e migliorare nel tempo. Uno dei primi passi da compiere sarebbe praticare l'autocoscienza nella gestione dello stress.

Riconoscere le varie emozioni che provi quando sei sotto pressione e stress renderà più facile affrontare il tema. Consapevole delle varie emozioni che corrono all'interno della testa di una persona, la persona capirà facilmente le emozioni prima di dominare i propri pensieri, parole e azioni. L'autocoscienza riguarda il riconoscimento dei propri sentimenti e pensieri, ma è possibile utilizzare l'aiuto di altre persone per svilupparlo. Chiedi feedback alle persone intorno a te: supervisori, colleghi, ecc. È anche importante ottenere feedback da altre persone per riconoscere l'impatto delle tue emozioni e azioni su altre persone. Questo è importante per migliorare le dinamiche e le relazioni di ciascun membro. Se il leader può praticare l'autocoscienza, può dare il buon esempio per l'intera squadra.

Parte dell'autocoscienza è conoscere i tuoi punti di forza e di debolezza. Non si può essere troppo umili per minimizzare i punti di forza; questa è semplicemente falsa umiltà. Un leader emotivamente intelligente deve capire l'importanza di riconoscere gli sforzi senza mettersi in mostra. D'altra parte, non si può essere troppo arroganti con risultati e punti di forza. Un'autovalutazione completa dei punti di forza e di debolezza richiede coraggio e onestà. In relazione all'autocoscienza, puoi anche iniziare a migliorare l'intelligenza emotiva attraverso l'autoriflessione. Guarda come reagisci a determinate situazioni, specialmente quelle stressanti. Si rompe facilmente con un attacco? Colpisci facilmente i tuoi colleghi? Queste sono le cose che devi valutare perché fanno tutte parte della tua intelligenza emotiva.

Migliorare la tua intelligenza emotiva significa ampliare la soglia per situazioni stressanti, sia che si tratti di conflitto interno nell'organizzazione o molto lavoro. Queste cose hanno davvero il loro modo di mettere il pedaggio su una persona, ma in realtà sono cose che determinano l'intelligenza emotiva di una persona. Un leader privo di intelligenza emotiva si allontanerà e soccomberà a queste sfide. Tra tutte queste sfide, non solo sventolare subito la tua bandiera bianca. Non mollare in situazioni stressanti senza pensarci. Impara a essere consapevole dei tuoi pensieri quando affronti queste situazioni e a controllarle. Ordina le tue emozioni e allontanati da loro in modo da poter mettere le cose in prospettiva. Chiediti "Cosa posso fare e cosa non posso fare?" Guarda il problema in termini di soluzioni che possono fornire e lascia andare le cose che non hanno soluzioni. Concentrare le energie su cose che possono essere riparate.

Quando hai a che fare con colleghi e lavoratori problematici, non lasciare che le tue emozioni guidino le tue decisioni e azioni. Il più delle volte, una carriera professionale viene distrutta a causa di relazioni errate con colleghi e subordinati. Non lanciare tirades personali contro la persona. Se hai la tendenza ad esplodere subito, allontanati prima dal problema e scarica la tua rabbia senza scagliare contro la persona. Quale parte del problema è colpa della persona? C'è qualcosa che avrebbe potuto essere fatto da parte tua? Altre persone sono coinvolte? Non concentrarti troppo sulla persona. Invece, risolvi il problema. Quando hai messo le cose in prospettiva, parla con la persona, ma prima ascolta la loro versione. Ascolta le loro opinioni senza pregiudizi, giudizi e stereotipi. L'empatia è molto importante in questo momento. Sei importante come leader, soprattutto quando prendi decisioni riguardanti i membri del tuo team coinvolti nel conflitto.

Anche se uno dei membri del team è in colpa, il tuo compito come leader è assicurarti che il colpevole riconosca i propri difetti senza sentirsi giudicato. Questo è un indicatore di quanta intelligenza emotiva ha un leader.

Capitolo 4: Costruire team e relazioni di successo

Se vuoi costruire relazioni di successo con la tua gente, devi essere in grado di proiettarti come qualcosa di più di una persona con autorità. Le persone devono rispettarti, non temerti. Nel capitolo precedente, l'empatia e l'intelligenza emotiva sono state discusse a lungo. Dovrai utilizzare questi due per stabilire una base stabile per le tue relazioni con i membri del tuo team. Inizia anche con una buona relazione con te stesso. Ciò significa conoscere te stesso, i tuoi punti di forza e di debolezza, il tuo potenziale di miglioramento e come reagisci in varie situazioni. Una volta acquisita familiarità con la tua personalità, gestire le personalità di altre persone sarebbe gestibile.

Inoltre, parte della costruzione di una relazione di successo con il tuo team è scoprire cosa motiva ciascuno di loro in modo che possano essere più produttivi e alla fine trovare crescita e realizzazione di se stessi per se stessi.

Uno dei compiti del leader è rendere l'intera organizzazione costantemente produttiva. La produttività è senza dubbio importante in un'organizzazione che cerca un vantaggio competitivo e di successo. La produttività si basa sullo sforzo individuale e di gruppo, entrambi i quali possono essere affrontati attraverso il team building. Il team building dovrebbe produrre un gruppo di individui che lavorano insieme per svolgere compiti diversi. È sicurezza e un forte team dinamico deve svolgere questi compiti.

Cosa rende forte una squadra? Una squadra forte deve avere un obiettivo comune. Una squadra può essere composta da membri che svolgono funzioni diverse ma devono sempre avere un obiettivo primario per potersi definire una squadra. I membri del team devono svolgere i compiti loro assegnati, ma devono raggiungere in qualche misura gli altri membri per raggiungere l'obiettivo comune. Si aiuteranno a vicenda se necessario per raggiungere obiettivi comuni. Anche se hanno obiettivi individuali, i loro obiettivi individuali devono essere allineati con obiettivi comuni. La cooperazione deve essere radicata in ogni membro del team in ogni momento.

Le sessioni di team building dovrebbero stabilire gli obiettivi del team, riconoscere i problemi che impediscono al team di raggiungere tali obiettivi e proporre modi per l'intero team di raggiungere tali obiettivi. Esistono linee guida per stabilire sessioni di team building, ma il modo in cui ogni sessione è progettata dipende ancora dalle dimensioni e dalla natura dell'organizzazione. Ad esempio, i team basati su progetti cambiano spesso costantemente la composizione. Date queste circostanze, le attività di team building dovrebbero concentrarsi sulle abilità di ogni persona che le consentono di diventare un membro efficace del team. In un team in cui i membri sono relativamente permanenti, l'attenzione si sposterà sul modo in cui ciascun membro del team si relaziona con gli altri. Le relazioni tra i membri del team avranno un impatto diretto sulla loro produttività. Pertanto, la natura del team deve essere esaminata prima di progettare una sessione di team building.

L'obiettivo della pianificazione del team building dovrebbe rendere ogni membro del team consapevole della gravità dei propri compiti. Ogni membro deve anche sapere perché stanno partecipando all'organizzazione. Alla fine del team building, dovrebbero essere ricordati del loro scopo nell'organizzazione.

Quando si pianificano attività di team building, assicurarsi che ci siano attività correlate alle attività che le persone svolgono normalmente. Non deve essere un'abilità completamente tecnica, ma attività che facilitano le dinamiche di squadra durante l'utilizzo delle tue abilità. Ad esempio, i dirigenti del marketing possono partecipare a un'attività di team building in cui si organizzano in team e ricevono una certa quantità di denaro per acquistare determinate cose. Devono adeguare il budget senza compromettere la qualità dei loro articoli e i vincoli temporali. Alla fine, i partecipanti devono rendersi conto che devono pensare come i loro clienti.

Inoltre, lavorare su questa attività in gruppo incoraggerà un brainstorming produttivo.

Le attività di team building dovrebbero anche concentrarsi sulla risoluzione dei conflitti. Anche se verrà assegnato un capitolo per questo, vale la pena discutere la

risoluzione dei conflitti in termini di team building. Diversi tipi di conflitti affliggeranno i membri del team e minacceranno la loro relazione. Ogni membro dovrebbe essere dotato delle competenze necessarie per gestire i conflitti al fine di garantire un rapporto armonioso tra loro, i loro leader e le persone con cui trattano regolarmente.

Il conflitto non è la rovina totale di un'organizzazione. Può facilitare la generazione di idee brillanti e il rafforzamento delle relazioni, purché il conflitto sia gestito bene.

Uno dei modi più sensati per gestire i conflitti è migliorare le linee di comunicazione tra i membri dell'organizzazione. Potresti voler dividere la tua squadra in coppie e consentire a ciascuna coppia di posizionarsi schiena contro schiena. Una persona deve contenere un pezzo di carta e una matita mentre l'altra tiene l'immagine di una forma (definitiva o astratta). La persona che detiene l'immagine dovrebbe descrivere la forma alla persona con la matita e la carta, fornendo tutti i dettagli possibili. Ai colleghi viene assegnato un limite di tempo. Una volta spento il timer, le coppie devono confrontare la loro rappresentazione con la forma originale. In che modo la persona con l'immagine ha descritto la forma? È stato ben descritto? La persona con la carta e la matita ha disegnato l'immagine in modo sufficientemente accurato? C'è stato un problema di comunicazione? Queste sono le domande che la risoluzione dei conflitti deve affrontare.

Il conflitto nasce spesso da una mancanza di fiducia, un grande assassino dello spirito di squadra. Se stai tenendo un seminario di team building in uno spazio enorme, puoi svolgere questa attività. Per fare ciò, diffondere oggetti con ostacoli (ad esempio coni, sedie, scatole, blocchi, tavoli) in tutta la stanza. Ancora una volta, assegnare la squadra in coppia.

Come leader, nota che questa attività è orientata alla risoluzione di problemi di fiducia.

Pertanto, potresti voler raggruppare due persone che hanno difficoltà a fidarsi l'una dell'altra. Piega ciecamente una persona e tieni l'altra fuori dalla "zona ad ostacoli". Metti la persona bendata al centro dell'area e lascia che l'altro dia alla persona bendata istruzioni su come uscire da quell'area. La persona bendata non può parlare o parlare in nessun caso. La persona bendata deve evitare gli ostacoli durante la sua uscita. Lascia che ogni coppia abbia una strategia per alcuni minuti prima di iniziare, ma solo su come comunicare durante il gioco. Non far loro vedere la zona.

I leader devono facilitare la solidarietà, anche al di fuori delle sessioni di team building. Come leader, devi essere in grado di identificare se ci sono ostacoli che impediscono alle persone di lavorare in gruppo. Alcune squadre, specialmente quelle più grandi, tendono a dividersi in piccoli gruppi e squadre. I leader devono essere in grado di tenere traccia di queste cose e riconoscere la causa, sia essa insignificante o seria. A volte la causa può essere insignificante come i diversi codici di abbigliamento per dipartimento. Se questa è la causa del conflitto, dovrebbe esserci un codice di abbigliamento imposto a tutti i membri del team.

Questo fenomeno è molto comune nelle grandi organizzazioni (ad esempio, il dipartimento marketing è in conflitto con il dipartimento risorse umane, una filiale si lamenta dell'ufficio centrale, ecc.). I leader in posizioni manageriali sarebbero tentati di ospitare una funzione sociale aziendale per sradicare questi limiti, ma questo piano può ritorcersi contro se non adeguatamente pianificato. Ad esempio, in un picnic aziendale informale in cui tutti i dipendenti sono invitati, potrebbero continuare a cercare i loro amici e rivolgersi a cricche. Peggio ancora, questo può iniziare una lotta poiché tutti i dipendenti sono in un posto.

Se vuoi migliorare le relazioni tra membri o colleghi, puoi iniziare identificando le barriere o gli indicatori che dividono le persone prima di riunirle in una sessione di team building o funzione sociale. Elencare i conflitti specifici tra il team e risolverli con le persone coinvolte. Ad esempio, le cricche in ufficio potrebbero essere causate da barriere linguistiche e culturali. Se questo è il caso, puoi occasionalmente raggruppare persone di razze diverse per determinati compiti.

Promuovere la trasparenza e l'onestà nei diversi dipartimenti, ma anche molto tecnici. A volte il divario aumenta quando due diversi gruppi sono assegnati a lavorare l'uno con l'altro, ma uno di essi usa termini gergali quando parla con non esperti. Scoraggiare questo atteggiamento dai dipendenti, in particolare dal personale tecnico.

È più probabile che i membri del team abbiano forti relazioni reciproche se hanno buoni rapporti con il proprio leader. Mentre il tuo team costruisce relazioni, guidale e monitorale di conseguenza. Sapere di avere un leader con cui possono consultare e che possono capire li farà sentire sicuri e sicuri nel formare relazioni con i loro coetanei.

Il team building è un processo continuo. Determinare il tuo successo non è fatto in una sola seduta. E, ogni organizzazione che cerca di mantenersi in forma dovrebbe sempre cercare di rafforzare i propri team. Questo non può essere fatto in una singola sessione di team building. Alla fine, i leader devono ricordare che il team building è un processo a lungo termine. Le persone di solito si uniscono a un'organizzazione nella speranza di rimanere il più a lungo possibile, in cerca di crescita e realizzazione personale.

Con questo in mente, il leader dovrebbe puntare a stabilire il team building come un processo continuo e continuo. È inutile stabilire un processo di team building solo per tornare alle normali attività come se le attività di team building non fossero mai state svolte.

Nel tempo, le attività di team building dovrebbero essere modificate in base alle competenze, ai punti di forza e ai punti deboli dei membri. Le attività di team building devono essere pianificate in relazione ai frutti delle precedenti sessioni di team building. Non si deve mai supporre che il successo del team building non si fermi con una singola sessione. Le squadre e le relazioni organizzative devono essere costantemente alimentate se vogliono rimanere progressiste e stabili allo stesso tempo.

Capitolo 5: Gestire efficacemente tempi e conflitti difficili

Anche i migliori leader sono tenuti a incontrare ostacoli lungo la strada. In effetti, i leader non sono facili perché la loro posizione li sottopone a un costante controllo pubblico. Ogni errore commesso viene ingigantito e talvolta i leader si sentono trascinati in tutte le direzioni. Gli errori sono inevitabili perché la leadership è un processo di apprendimento. Fai errori, impari da loro e ti alzi sopra di loro.

È sempre bene prepararsi quando entri in qualcosa- hobby, carriera, attività, ecc. La leadership non è diversa. Nella leadership, ci sono alcuni punti da ricordare per prepararsi ad affrontare le insidie.

Uno degli ostacoli che i leader devono evitare è la mancanza di concentrazione.

La leadership non significa che si assumono tutti i compiti o che si è tenuti a sapere tutto. Come leader, è tuo compito motivare il tuo team e semplificare tutte le attività per raggiungere un obiettivo comune. Il tuo compito è portare la tua squadra nella giusta direzione. La tua squadra ammirerà e si fiderà di te per guidarla. Puoi chiedere loro di fare alcune cose da soli, ma è tuo dovere come leader fornire loro la direzione. È facile perdere di vista l'obiettivo perché, in qualità di leader, intraprenderai una serie diversificata di compiti. Spesso è facile perdere la concentrazione nel mezzo di tutte queste attività. I leader devono sempre ricordare che prima di eseguire un'attività o facilitare un'attività, devono assicurarsi di essere allineati verso l'obiettivo finale comune.

Il secondo ostacolo è pericoloso. Molti aspiranti leader iniziano con la promessa di servire piuttosto che di essere serviti e di mettere il benessere degli altri davanti ai loro. Ma rimanere lassù è difficile in termini di gestione del potere. Il potere può far ubriacare un leader. I leader godono di privilegi e prestigio. Quando sei in cima, puoi facilmente intrufolare la tua agenda e metterla al di sopra di quella dell'intero gruppo. I leader dovrebbero evitare questa trappola perché, sebbene all'inizio possa sembrare affascinante, alla fine sarà distruttiva per l'intera organizzazione. Quando l'organizzazione cade a pezzi, è il leader che normalmente si prende la prima colpa. Mettersi al primo posto sulle priorità è particolarmente allettante nei momenti difficili. I politici corrotti cadono in questa trappola. Tuttavia, di solito non godono di un lieto fine. C'è molta schiavitù nella leadership. Metti sempre la tua organizzazione e la sua causa al di sopra della tua agenda personale.

I buoni leader hanno gli occhi da falco quando si tratta di dettagli. Si assicurano che tutte le estremità libere siano legate e che piccoli problemi vengano risolti. Questa è certamente una buona caratteristica, ma se va troppo lontano, potrebbe esserci la tendenza del leader a micro-gestire le cose più piccole e inutili. Come accennato in precedenza, i leader non dovrebbero svolgere tutti i compiti nelle loro squadre. In effetti, potrebbero esserci alcuni aspetti tecnici di cui il leader o il manager potrebbero non essere a conoscenza. A volte un leader deve lasciare che le cose si concentrino su cose più importanti. Quando i leader si concentrano troppo sui dettagli non necessari, perdono di vista il quadro generale. Questo li mette anche a rischio di perdere la concentrazione, il che li riporta al primo problema. I leader devono imparare ciò che è importante sapere su cosa concentrarsi.

Poiché i leader dovrebbero guidare l'intera squadra, si ritiene che i leader siano infallibili. A volte questo viene alla testa di alcuni leader.

Quando commettono un errore o una decisione sbagliata, possono prenderlo sul personale o rifiutarsi di riconoscerlo. Entrambe le reazioni sono malsane perché in realtà i leader possono ancora fare errori. La leadership è un processo di apprendimento.

Non tutto ciò che conosci inizialmente si applicherà al tuo contesto. Devi apportare modifiche ai tuoi giudizi. A volte lo capisci solo quando commetti errori. Gli errori dovrebbero naturalmente essere evitati, ma una volta che ci sono, devono essere riconosciuti. I leader devono accettare i propri errori per imparare da loro e prendere decisioni migliori la prossima volta.

I leader incontreranno problemi che potrebbero non aver incontrato prima. Alcuni di questi problemi possono essere solo lievi variazioni rispetto ai problemi che si verificano normalmente.

Altri sono completamente diversi, qualcosa per cui non hanno soluzioni immediate. Non importa quanto nuovi siano questi problemi, i leader devono sempre essere pronti ad adattarsi a qualsiasi situazione per la sopravvivenza della loro organizzazione. Conferenze, seminari e workshop raggiungeranno solo un punto. Tuttavia, questi non ti forniranno soluzioni a tutti i problemi. I grandi leader hanno la capacità di far fronte alle circostanze imprevedibili che si presentano.

La capacità di abbracciare il cambiamento è l'arma essenziale di ogni leader per guidare l'organizzazione nella giusta direzione, anche se perde di vista la sua strada.

I leader hanno bisogno del buonsenso, della creatività e dell'ingegno per adattarsi a circostanze imprevedibili. Inoltre, parte dell'adattamento al cambiamento è lasciar andare le mentalità inefficaci. I buoni leader si fidano della struttura convenzionale, ma sanno anche quando lasciarla andare quando non funziona in determinate circostanze. I leader devono essere critici sia della vecchia che della nuova mentalità per cercare costantemente modi migliori di fare le cose.

La mancanza di comunicazione è un altro problema comune che i leader incontreranno. Anche i più esperti non vengono salvati. I nuovi leader affrontano problemi di comunicazione perché stanno ancora conoscendo i loro team. I leader con esperienza possono incontrare problemi di comunicazione quando diventano troppo accomodanti e si rifiutano di ascoltare la loro squadra, pensando di sapere già come gestire le cose. Il successo di un'organizzazione dipende in gran parte dall'interazione dei suoi membri.

Dati i tempi che cambiano e le circostanze imprevedibili, il modo sicuro per gestire le dinamiche di un'organizzazione è mantenere le linee di comunicazione aperte e imparziali il più possibile. I leader dovrebbero cercare di stabilire con il proprio team che, sebbene non siano sempre d'accordo con tutti i loro membri, rimangono accessibili e aperti ai dialoghi comunicativi.

Una leadership forte e rispettabile non significa che non sorgano sfide e ostacoli. Significa semplicemente che il leader ha le giuste abilità per superare quegli ostacoli. In realtà, sono questi ostacoli che determinano se il leader merita privilegi e responsabilità.

Gestione dei conflitti / gestione dei conflitti

Nella gestione dei conflitti, le linee di comunicazione aperte sono la tua medicina affidabile e il rimedio preventivo. Anche prima che sorgano conflitti, i leader devono già creare un ambiente in cui ognuno sia libero di esprimere la propria mente nel modo più appropriato e rispettoso. I leader dovrebbero incoraggiare discussioni salutari durante le riunioni e persino conversazioni casuali. Questo comprende tutti i membri dell'organizzazione, indipendentemente da età, sesso, razza e grado.

Anche se ci sono disaccordi, non dovresti perdere il rispetto nelle discussioni. Tutti dovrebbero essere incoraggiati ad adeguarsi alle differenze reciproche.

Quando il conflitto esiste già, i leader devono fare il primo passo per identificare e comprendere la radice del conflitto. Non dovrebbero essere emessi giudizi severi fino a quando tutte le parti non saranno ascoltate. I leader devono anche sottolineare che l'obiettivo della comprensione del conflitto è risolverlo, non renderlo grande. Tutte le parti interessate dovrebbero essere incoraggiate a puntare sulla risoluzione, non su un conflitto grave. Promuovere una sana risoluzione dei conflitti per migliorare e rafforzare le dinamiche di gruppo, aumentare il rispetto reciproco e ottenere una migliore prospettiva degli obiettivi comuni dell'azienda.

Nella risoluzione dei conflitti, i leader devono essere cauti quando giocano il gioco della colpa. Possono farlo separando la persona dal problema. Una persona può causare un problema, ma ciò non dà a nessuno (nemmeno il leader) il diritto di accusare la persona di essere il problema. I leader che possono separare i problemi delle persone eviteranno di danneggiare permanentemente la relazione.

L'ascolto è un componente primario nella risoluzione dei conflitti. Il leader deve capire da dove proviene ogni parte. Devono avere il diritto di difendere la propria posizione senza offendere l'altra parte. Nel processo, il leader deve facilitare il chiarimento dei fatti. È richiesta l'obiettività del leader come facilitatore. Allo stesso tempo, è necessario ascoltare gli interessi di ciascuna parte. Ciò fornirà una migliore comprensione del motivo per cui le parti coinvolte stanno prendendo queste parti.

Una volta che tutte le parti si esprimono, il leader deve consolidare tutte le informazioni presentate e chiarire tutti i fatti presentati a tutti. Una risoluzione non può essere formata se non tutti sono d'accordo con i fatti. Riassumi le dichiarazioni di ogni parte e chiarisci i tuoi sentimenti.

Una volta che tutti sono d'accordo sul problema, tutti possono pensare a possibili soluzioni. I leader dovrebbero tenere presente che esistono diversi modi per risolvere un problema. Il più delle volte, tutte le parti coinvolte devono impegnarsi a incontrarsi a metà strada. Ci sono momenti in cui la posizione dell'altra parte deve davvero diventare impopolare, specialmente se quella posizione calpesta qualcuno in qualche modo. Esistono anche soluzioni che offrono a tutte le parti ciò che desiderano senza il rischio di un altro conflitto. I leader hanno i loro stili di risoluzione dei conflitti. Ci sono leader che cercano di evitare del tutto il conflitto, mentre altri affrontano il problema per risolverlo. Qualunque sia lo stile, deve anche essere adattato al problema in questione.

Quando la risoluzione è stata negoziata, il leader e le parti coinvolte devono trovare modi per prevenire i conflitti in futuro. Ciò dovrebbe anche creare relazioni più forti tra i colleghi.

I leader non devono temere i conflitti, poiché possono offrire opportunità per rivalutare gli obiettivi e rafforzare le relazioni. Fintanto che

il leader è dotato di forti capacità di gestione dei conflitti, non dovrebbe essere una fonte di tensione dannosa.

COME AVERE UN ATTEGGIAMENTO VINCENTE?

LIBRO 3

COME AVERE UN ATTEGGIAMENTO VINCENTE?

Introduzione

In ogni aspetto della tua vita, il tuo atteggiamento gioca un ruolo importante. Se vuoi andare avanti ed essere felice nella tua vita, allora devi rendere il tuo atteggiamento il tuo alleato.

Il tuo atteggiamento si riflette in tutto ciò che fai e in tutto ciò che ti accade. Ciò che è noto come la Legge di Attrazione è il concetto che tutto ciò che esponi ti ritorna. Questa è l'idea di rendere il tuo atteggiamento il tuo alleato.

Per rendere il tuo atteggiamento il tuo alleato, devi imparare cosa significa. Devi imparare come rendere positivo il tuo atteggiamento e come implementare l'idea di rendere il tuo atteggiamento tuo alleato nella tua vita.

Ci vorrà un po 'di lavoro per rendere il tuo atteggiamento un tuo alleato, ma ne vale la pena. Come imparerai, il tuo atteggiamento può dipingere tutta la tua vita e puoi cambiare tutto sulla tua situazione attuale semplicemente lasciando che il tuo atteggiamento ti guidi.

Capitolo 1: Cosa fare nel vostro atteggiamento to un alleato?

Quando guardi in senso figurato l'idea di rendere il tuo atteggiamento tuo alleato, quello che vedi è che, fondamentalmente, significa che l'atteggiamento che mostri si rifletterà nel percorso che prendi nella vita. In altre parole, il tuo atteggiamento influenzerà la tua vita e ti aiuterà a determinare cosa ti sta succedendo.

Analizziamolo e vediamo cosa significa "rendere il tuo atteggiamento il tuo alleato" in parole povere.

Innanzitutto, devi definire cos'è un alleato. Un alleato è fondamentalmente un percorso che percorri. Il tuo atteggiamento è il modo in cui agisci, pensi e tratta coloro che ti circondano. Il tuo atteggiamento influenza tutto nella tua vita. Influisce notevolmente sul modo in cui pensi e su come gli altri ti trattano.

Ora, rendere il tuo atteggiamento tuo alleato significherebbe lasciarti guidare dal tuo atteggiamento. Il tuo atteggiamento modellerà tutto nella tua vita. Viaggerai come ti porta il tuo atteggiamento.

Quindi la cosa migliore che puoi fare è adattare un atteggiamento positivo in modo che il tuo alleato sia un percorso positivo. Devi scegliere di adottare un atteggiamento positivo per essere il tuo alleato.

Per rendere il tuo atteggiamento il tuo alleato è scegliere quale sarà quell'alleato. Sarà negativo o positivo? Si tratterà di duro lavoro o pigrizia? L'atteggiamento che scegli di avere nella vita influenzerà tutto ciò che accade nella vita, quindi scegli saggiamente quell'alleato.

È risaputo che il tuo atteggiamento modella molti aspetti della tua vita. Molte persone credono che un atteggiamento positivo porti con sé cose positive, mentre un atteggiamento negativo porta con sé negatività.

Un atteggiamento positivo ha anche un modo

di influenzare il tuo ambiente, ma potrebbe non essere il modo in cui pensi. Solo perché hai questo atteggiamento positivo non significa che tutto andrà automaticamente nel modo desiderato.

Quando pensi positivo, hai meno probabilità di vedere il negativo nelle cose e quindi il tuo ambiente sembrerà cambiare. Probabilmente inizierai a notare le piccole cose più che mai e questo avrà un buon effetto su di te.

Sarai in grado di iniziare a credere in te stesso. Ti permetterà di credere che puoi ottenere qualcosa se ci pensi. Sarai in grado di fissare obiettivi e raggiungerli perché crederai di poterlo fare. Non avrai quell'energia negativa per trattenerti.

Un atteggiamento positivo è molto influente. Inizierà a modellare tutti e tutto ciò che ti circonda. Vedrai il grande potere che ha quasi immediatamente. Il potere di un atteggiamento positivo è tutt'altro che sottile.

Con questo in mente, devi decidere cosa vuoi dalla vita. Vuoi cose positive o negative? È una domanda molto sciocca perché la maggior parte delle persone dirà rapidamente che vogliono cose positive, ovviamente.

Le persone possono affrontare le cose positive meglio di quelle negative. Le persone vogliono avere una vita felice senza problemi. Vogliono quella vita che sembra fluire senza ostacoli e sfide in ogni angolo. Naturalmente, la maggior parte delle persone sceglierà un percorso positivo per la propria vita anziché uno negativo.

Perché accadano cose buone, devi essere molto consapevole di rendere il tuo atteggiamento positivo il tuo alleato. Devi comportarti positivamente, pensare cose positive e vivere positivamente, devi rendere il tuo atteggiamento tuo alleato.

Capitolo 2: Modi per ottenere un atteggiamento da alleato

Per ottenere l'influenza di un atteggiamento positivo, devi prima imparare a rendere il tuo atteggiamento tuo alleato. Come rendere il tuo atteggiamento tuo alleato?

Si tratta di credere nell'idea che il tuo atteggiamento influenzi la tua vita e ciò che ti accade. Se trovi difficile credere che se pensi positivamente che accadranno cose positive, allora il primo passo per rendere il tuo atteggiamento il tuo alleato è quello di cambiare il tuo modo di pensare.

Devi credere nell'idea che un atteggiamento positivo equivale a risultati positivi. Devi iniziare a cercare prove. Non dovrebbe essere difficile da trovare, poiché l'influenza positiva è ovunque.

Prova tu stesso. Non esiste un test migliore di vederlo in prima persona. Prenditi un giorno e impegnati ad essere positivo tutto il giorno. Prendi nota di come gli altri reagiscono a te.

Sono più amichevoli? Le persone sembrano aiutarti più del normale? Quali altre cose accadono durante il giorno? Riesci a vedere l'atteggiamento positivo che influenza altre cose nella tua vita durante il giorno?

Una volta che ti sei convinto che il tuo atteggiamento positivo influenza davvero la tua vita, allora puoi iniziare a mettere in gioco l' idea di rendere il tuo atteggiamento tuo alleato.

Sii positivo. Lascia che influenzi la tua vita e lascia che ti porti a cose buone.

Alla fine lo farà. Inizierai a vedere come ti sta portando cose buone.

Rendere il vostro atteggiamento vostro alleato must incorporare le tue idee, il tuo pensiero, le tue azioni e il linguaggio del corpo e anche i vostri obiettivi.

Devi fare uno sforzo per iniziare a trasformare tutti i tuoi pensieri e idee in pensieri e idee positivi. Devi iniziare a toglierti la negatività dalla testa e lasciare che i pensieri positivi ti guidino.

Ogni volta che inizi a scoprire che i tuoi pensieri si spostano nel negativo, devi fare uno sforzo consapevole per renderli positivi. Aiuta ad allenarti per trovare sempre il positivo in qualsiasi cosa. Se alleni i tuoi pensieri per diventare positivi, questo ti aiuterà molto a cambiare il tuo atteggiamento.

Il tuo linguaggio del corpo dice molto su di te. Il linguaggio del corpo può dire agli altri tutto sul tuo atteggiamento e personalità. Quindi è incredibilmente importante assicurarsi che il linguaggio del tuo corpo sia positivo.

Il linguaggio del corpo è i movimenti del tuo corpo, il modo in cui tieni il corpo e le espressioni facciali, incluso il movimento degli occhi. Spesso corrisponde ai nostri atteggiamenti e talvolta contraddice ciò che dicono le nostre parole.

Quando il nostro linguaggio del corpo e le nostre parole non corrispondono, è probabile che le persone credano nel linguaggio del corpo in quanto è qualcosa di inconscio che rivela la verità.

Il linguaggio del corpo positivo è quando il tuo corpo è aperto. Non vuoi fare cose che chiudono il tuo corpo, come incrociare le braccia. Vuoi stabilire un contatto visivo e guardare le persone quando parli con loro.

Un sorriso è il miglior linguaggio del corpo che puoi mostrare agli altri. Mantenere un sorriso sul viso gioverà anche al tuo atteggiamento. I sorrisi hanno un modo per farti stare bene, quindi assicurati sempre di avere un sorriso sul tuo viso.

Gli obiettivi sono importanti in qualsiasi aspetto della tua vita. Gli obiettivi possono aiutarti a far accadere le cose.

Stabilire obiettivi positivi e raggiungerli ti aiuterà a rimanere positivo.

Mantenendo il tuo atteggiamento positivo e lasciandoti condurre al bene, stai trasformando il tuo atteggiamento in un alleato.

MENTES
LIBRES

Capitolo 3: Definizione di un atteggiamento positivo

Giusto per dirla senza mezzi termini, ecco una lista di controllo su cosa sia un atteggiamento positivo e cosa implichi.

Usa questo elenco per assicurarti che il tuo atteggiamento sia positivo al 100%. Una persona positiva avrà le seguenti caratteristiche:

- Vivace e allegro .
- Guarda il bicchiere mezzo pieno, non mezzo vuoto.
- Puoi trovare la bellezza in qualsiasi cosa .
- Pensa al bene prima del male .
- Ama la vita .
- Evita le parole negative .

- A volte può sembrare sciocco .
- Ama divertirsi .
- Non disprezza mai gli altri.
- Si preoccupa sinceramente di coloro che lo circondano .
- Trova il modo di far vivere meglio gli altri .
- È un donatore, non un tiratore .
- Non fa male agli altri .
- Puoi vedere la soluzione sul problema .
- Disponibilità a lavorare per raggiungere gli obiettivi .

Le cose in questa lista sono simili a te o al contrario di come ti comporti? Se vuoi davvero essere una persona positiva, troverai un posto per te in questa lista. Ti sforzerai di diventare tutto qui e una persona che può dire onestamente che questo elenco li descrive perfettamente.

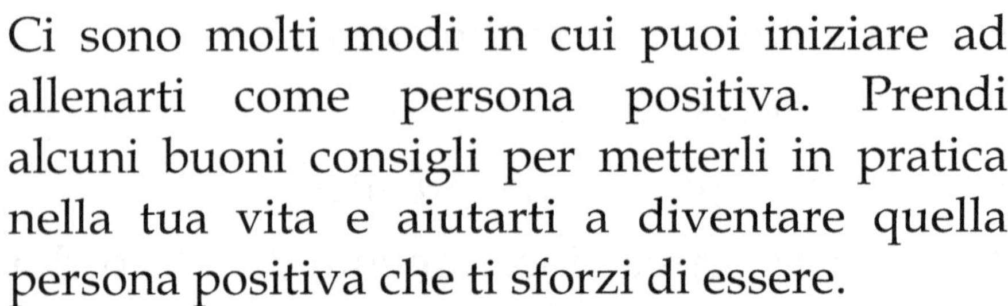

Ci sono molti modi in cui puoi iniziare ad allenarti come persona positiva. Prendi alcuni buoni consigli per metterli in pratica nella tua vita e aiutarti a diventare quella persona positiva che ti sforzi di essere.

Suggerimenti per una vita positiva

È abbastanza semplice separare il positivo dal negativo. Tuttavia, può essere abbastanza difficile impedirti di imbatterti in negativo. Questa è semplice natura umana. È qualcosa per cui siamo in programma due. Non stare male per questa naturale inclinazione.

Invece, scegli di fare qualcosa al riguardo.

Ecco alcuni suggerimenti per aggiungere un'influenza positiva alla tua vita:

1. Trova un posto felice. Crea un posto nella tua mente che è il tuo paradiso ideale.

Quando ti senti stressato o depresso, vai nel tuo posto felice, rilassati e divertiti.

2. Ottieni un hobby. Fai qualcosa che ti piace e che solleverà il tuo umore e ti permetterà di mantenere un atteggiamento positivo.

3. Esercizio. Sebbene molte persone vedano l'esercizio in modo negativo, può davvero portare influenze positive nella tua vita. La reazione del corpo all'esercizio fisico è buona. Ti sentirai meglio e quindi agirai meglio se adotti una routine di allenamento.

4. Trova affermazioni. Le affermazioni sono detti , versi o altri brani brevi che hanno un'influenza positiva. Le affermazioni possono essere una citazione, un versetto della Bibbia o persino una riga di un biglietto di auguri. Sono semplicemente qualcosa che ti fa pensare positivo o addirittura ti fa sorridere. L'uso di una dichiarazione al

giorno può ravvivare il tuo atteggiamento in un istante.

5. Esplora cose nuove. Invece di allontanarti dall'ignoto, cammina verso di esso.

6. Non allontanarti da una sfida. Consenti a te stesso di accettare le sfide e provare modi creativi per affrontarle.

7. Fai un casino. Fai disastri da imparare. Non lasciarti sorprendere dal caos. La felicità può essere disordinata e senza restrizioni.

8. Ignora le regole. Puoi divertirti semplicemente perché stai facendo qualcosa che ti è stato specificamente detto di non fare. Sfidare l'autorità può essere una scarica di adrenalina. Rompere alcune regole di volta in volta.

9. Fingere. L'immaginazione è una cosa meravigliosa. Permettiti di andare in qualche posto fantasy. Fuggi dalla tua vita normale e fingi di essere qualcun altro. Divertiti e sei sicuro di sorridere.

Puoi prendere questi suggerimenti e svilupparli. Sicuramente puoi fare cose che ti rendono felice. Sai cosa ti fa sorridere, quindi prendilo e corri con esso. Lascia che qualunque cosa ti renda felice ti guidi verso il tuo nuovo atteggiamento positivo.

Capitolo 4: Usare il tuo atteggiamento come alleato

Può sembrare facile rendere il tuo atteggiamento il tuo alleato. Probabilmente non avrai bisogno di molta convinzione per provare almeno. Cosa avete da perdere? Se sei abituato a lasciarti guidare dal tuo atteggiamento, allora è qualcosa che conosci già.

Le persone fanno del loro atteggiamento un loro alleato tutto il tempo. Il più delle volte lo fanno senza nemmeno accorgersene. Sfortunatamente, la maggior parte delle volte l'atteggiamento è negativo.

Spesso è più facile vedere come un atteggiamento negativo si comporta come un alleato rispetto a come un atteggiamento positivo si comporta come un alleato. È la natura umana vedere il negativo rispetto al positivo. Mi sono sentito più attratto dal prendere il negativo che il positivo. Gli atteggiamenti pessimistici sembrano inondare il mondo, mentre l'ottimismo lentamente annega.

Probabilmente ci sono molti esempi che possono essere dati su come il pensiero negativo o un atteggiamento negativo si siano trasformati in una situazione negativa. Probabilmente puoi indicare persone negative e dare molti esempi di come quell'atteggiamento negativo sta influenzando la tua vita.

Puoi anche guardare la tua vita e vedere come la negatività ti ha influenzato.

È probabile che hai lasciato che un atteggiamento negativo ti guidasse in almeno una situazione della tua vita.

Riesci a ricordare un momento in cui il tuo atteggiamento negativo ha causato problemi in una situazione?

Probabilmente puoi guardarlo ora e vedere come l'atteggiamento negativo ha funzionato contro di te. Anche se la situazione non era positiva per cominciare, il tuo atteggiamento negativo probabilmente entra in gioco.

Anche se questo può insegnarti come il tuo atteggiamento può diventare tuo alleato, ti insegna anche che vuoi fare tutto il possibile per assicurarti che il tuo atteggiamento sia positivo.

Se vuoi davvero rendere il tuo atteggiamento tuo alleato e vuoi che quell'alleato sia positivo, allora devi iniziare a guardare il positivo. Devi allenare la tua mente per trovare il positivo in tutto.

Devi ignorare il negativo. Prendi il negativo che non puoi ignorare e rendilo positivo. Il tuo alleato non deve essere pieno di negatività.

Immagina il tuo alleato. Un alleato pieno di negatività è pieno. Ci sono blocchi stradali e altre cose che ti ostacolano o ti impediscono di percorrere il sentiero che scegli. Potrebbe anche essere necessario lavorare per evitare queste cose negative.

Se il tuo alleato è positivo, allora è pieno di cose positive. Non ci sono ostacoli che non puoi gestire. Tutto ciò che ti ostacola è facile da superare. Con un alleato pieno di cose positive scoprirai che è facile viaggiare e che puoi superare tutto ciò che ti ostacola.

Puoi vedere chiaramente che un atteggiamento positivo è molto meglio di un atteggiamento negativo. Ovviamente, preferiresti avere un alleato facile da sconfiggere piuttosto che uno pieno di cose che ti ostacolano e ti rallentano.

Usare il tuo atteggiamento come alleato comporta molti livelli di cambiamento nella tua vita. Dovrai cambiare le cose che fai quotidianamente, attraverso le tue interazioni con altre persone, i tuoi pensieri e i tuoi obiettivi.

Come già accennato, il modo in cui configuri i tuoi pensieri e obiettivi ti aiuterà molto a configurare il tuo atteggiamento e renderlo tuo alleato. Assicurati di fare uno sforzo consapevole per mantenere queste cose positive.

Quando interagisci con altre persone, stai fondamentalmente trasmettendo il tuo atteggiamento. Vuoi che questo sia sempre positivo. Le persone reagiranno positivamente a te se le approcci positivamente. La tua interazione con gli altri è molto importante nella tua vita.

Volete che quelle interazioni siano positive. Questo ti permetterà di portare cose positive nella tua vita. Un buon esempio è durante un colloquio di lavoro. Se ti avvicini al colloquio con un atteggiamento negativo, probabilmente non otterrai il lavoro.

Se vai alla stessa intervista con un atteggiamento positivo, avrai maggiori possibilità di ottenere il lavoro. Il modo in cui approcci gli altri può avere un grande impatto sulla tua vita, quindi assicurati di usare il tuo atteggiamento come alleato quando interagisci con gli altri.

Il tuo atteggiamento deve essere tuo alleato ogni giorno. Ci vorrà del tempo per renderlo di routine. All'inizio, potresti dover lavorare sodo per assicurarti di essere positivo in ogni aspetto della tua vita. Dovrai fare uno sforzo per rimanere positivo e pensare positivo. Può essere difficile, soprattutto se cedi spesso a pensieri e azioni negativi.

È anche comune che quando si affronta una situazione in modo positivo, si finisce per avere un'esperienza positiva. Le persone hanno maggiori probabilità di aiutarti e fare uno sforzo per assicurarti di ottenere ciò di cui hai bisogno quando ti avvicini alle cose in modo positivo. Quindi, con il tuo atteggiamento da alleato, ti stai aprendo a molte esperienze positive.

Usare il tuo atteggiamento come alleato sta rendendo tutto positivo nella tua vita. Ciò significa associarsi con persone positive, stare in situazioni positive e circondarsi di cose positive.

Devi sbarazzarti della negatività. Devi iniziare ad essere positivo in tutto. In questo modo, stai creando il tuo alleato. Ti stai aprendo la strada con il positivo e questo porterà a risultati positivi.

Capitolo 5: Cosa può fare il tuo atteggiamento per te

Una volta che inizi a vivere l'idea di rendere il tuo atteggiamento tuo alleato, inizierai a vedere i cambiamenti, specialmente se hai vissuto con un atteggiamento negativo e hai deciso di cambiarlo per un atteggiamento positivo.

Adattare un atteggiamento positivo e renderlo l'alleato attraverso il quale viaggerai avrà un impatto sulla tua vita in molti modi. Inizierai a vedere immediatamente l'influenza positiva.

Le persone inizieranno a trattarti in modo più positivo. Le persone rispondono positivamente a qualcuno che le saluta con un atteggiamento positivo. Sono sicuro che lo hai già provato. Pensa a un momento in cui hai sorriso a un ex straniero. È probabile che loro abbiano sorriso, giusto? Questo è un atteggiamento positivo sul lavoro.

Né sarà così sottile. Utilizzerai il tuo atteggiamento per influenzare le persone anche in altri modi. Quando si inizia s per adattare il vostro atteggiamento positivo o la vita comincerà per vedere il positivo in ogni cosa.

Qualunque cosa ti accada, il tuo atteggiamento positivo ti aiuterà a superarlo. Troverai un modo per superare quasi tutto senza arrabbiarti, arrabbiarti o deprimerlo. Fondamentalmente, imparerai a vedere la vita in modo diverso.

Sarai in grado di affrontare meglio i problemi e le situazioni difficili. Sarai in grado di gestire meglio le avversità. Sarai in grado di superare le cose che ti avrebbero trascinato prima.

Rendendo il tuo atteggiamento tuo alleato, puoi andare più in profondità di quanto tu abbia mai immaginato.

Se hai una dipendenza, come il fumo di sigaretta, potresti essere in grado di smettere una volta per tutte semplicemente rendendo il tuo atteggiamento il tuo alleato.

Pensa al motivo per cui fumi. Molte persone danno ragioni come fumare per affrontare lo stress, per calmarle, per rilassarsi. Se hai una ragione del genere, non avrai più bisogno di fumare una volta reso il tuo atteggiamento alleato. Questo perché sarai in grado di gestire lo stress da solo.

Sarà anche meno probabile che l'esperienza situazioni che rendono non è possibile maniglia. Non più cercare dipendenze come le sigarette, in modo che si aiuto superare lo stress, perché il vostro atteggiamento t e guida invece.

Ha smesso di fumare diventerà qualcosa che senti che possono fanno perché non si sentono più che forte bisogno psicologico di una sigaretta. È possibile aiutarti attraverso un'abitudine difficile, come fumare, con il tuo nuovo atteggiamento positivo.

Rendendo il tuo atteggiamento il tuo alleato trasformerà la tua vita. Proietterai una vibrazione positiva e ti ritornerà. Inizierai a vedere come accadono cose positive nella tua vita. Inizierai ad attirare influenze positive nei tuoi confronti. Diventerai una calamita per le cose positive. Sembrerà quasi strano quanto il tuo nuovo atteggiamento positivo influenzi la tua vita.

Puoi vedere come rendere il tuo atteggiamento tuo alleato in molti modi diversi. Dipende davvero dalle tue idee e pensieri personali. Alcune persone possono credere che sia nella linea del karma e che ciò che invii tornerà a te. Altri possono credere che sia semplicemente una cosa mentale, dove pensi positivo e quindi vedi positivo.

Non importa quale sia la tua opinione su come funziona un atteggiamento positivo nella tua vita, la linea di fondo è che rendere il tuo atteggiamento tuo alleato è un'idea vincente. Non puoi negare il potere di rendere il tuo atteggiamento alleato una volta che inizi a metterlo in atto nella tua vita.

Capitolo 6: Un esempio costruttivo di come rendere il tuo atteggiamento tuo alleato

Può essere abbastanza facile per qualcuno dirti che rendere il tuo atteggiamento un tuo alleato è una buona idea. Tuttavia, fino a quando non lo vedi in azione, potresti non credere pienamente nell'idea. Ecco una storia su come rendere meraviglioso il tuo atteggiamento come alleato. Come puoi aiutare a trasformare una vita schifosa in qualcosa di eccezionale.

Loly era una persona piuttosto pessimista. Mi sono avvicinato ad ogni situazione pensando che sarebbe successo il peggio. Non ha mai nemmeno provato a pensare positivo. Loly raramente sorrideva e spesso parlava negativamente di tutti e di ogni cosa nella sua vita.

Loly aveva la pressione alta, non aveva amici intimi, un lavoro che odiava ed era fortemente indebitato. Ha letto un articolo su come rendere il tuo atteggiamento tuo alleato , e come ti aiuterà a guidarti nella vita e come tale atteggiamento dovrebbe essere positivo se vuoi una vita felice e produttiva.

Loly rifletté su ciò che aveva letto e decise di mettere in pratica l'idea per lei. Si rese conto di non avere nulla da perdere.

La mattina dopo, quando si svegliò, gli stessi pensieri negativi iniziarono ad entrare nella sua mente. Invece di abbracciarli come una volta, li spinse via e li sostituì con pensieri positivi.

Invece di anticipare il traffico che era solito trovare mentre andava al lavoro, pensò solo alla sua canzone preferita che suonava alla radio e pensò a quanto fosse fortunato ad essere in grado di ascoltarla quella mattina.

Quando arrivò nel suo ufficio, invece di correre nel suo ufficio come una volta, sorrise ad alcuni colleghi e si fermò a chiacchierare con la segretaria.

Il suo capo ha persino riconosciuto il suo buon lavoro sul progetto che era appena terminato al suo arrivo. Ha sottolineato che se fosse corsa nel suo ufficio, non sarebbe stata lì per lui per parlare.

Più tardi quel giorno il suo capo la chiamò nel suo ufficio. Le ha parlato di come fosse diversa oggi. Disse che era contento di vederla quella mattina perché le ricordava quanto fosse brava un'operaia e si rese conto che era perfetta per il posto vacante di gestione che doveva riempire.

Loly ha finito per essere promosso.

Dopo quel giorno ha continuato a rendere la sua attitudine alleata. Si è allenata per essere positiva e le cose hanno iniziato a migliorare nella sua vita. Ha fatto delle amicizie al lavoro e ha iniziato a sentirsi meglio con se stessa e la sua vita.

Quando Loly ha reso il suo atteggiamento positivo e l'ha resa un'alleata, ha iniziato a vivere una vita che poteva solo sperare prima.

Lo stesso potrebbe succedere a te. Trasforma il tuo atteggiamento in alleato e sperimenta come funziona per te .

Perché ha funzionato per Loly? Dai uno sguardo costruttivo alla tua situazione.

Loly normalmente sedeva nel traffico ed era arrabbiato per come la stava sostenendo. Andò dritto al negativo e sebbene la sua canzone preferita avesse probabilmente suonato alla radio durante i suoi spostamenti mattutini, fu così presa dal negativo che non la sentì nemmeno.

Oggi, lei era pronta ad ascoltare il brano e quando lo sentì, sentì un leggero impulso nel suo modo di sentire. Fu quella leggera voglia che la aiutò a rimanere calma e rilassata mentre era seduta nel traffico.

Oltre all'effetto immediato che ti senti più calmo e in grado di gestire il tuo ingorgo, c'è anche il fatto che calmarsi e lasciar andare lo stress fa bene alla salute. La sua pressione sanguigna e il suo polso erano probabilmente inferiori al normale, e questo è molto buono per la sua salute del cuore.

Loly non ha mai salutato nessuno nel suo ufficio con alcun movimento positivo. Andava nel suo ufficio ogni mattina e sedeva da sola. Oggi ha avuto il tempo di sorridere ai suoi colleghi e persino di parlare. È stata in grado di iniziare a costruire relazioni in ufficio che la aiuteranno a essere più felice quando andrà al lavoro e apprezzerà molto di più l'ufficio.

Il fatto che il suo capo sia venuto mentre stava socializzando le ha dato il tempo necessario con lui. Se non fosse stata lì, non l'avrebbe mai considerata per la promozione.

Loly ha apportato molti cambiamenti nella sua vita in un giorno. Immagina cosa potrebbe succederti.

Potrei fare un cambiamento così grande anche nella tua vita?

Si, puoi. Quindi non hai nulla da perdere se ti permetti di essere il tuo alleato.

Conclusione

Ora che hai imparato cosa significa rendere il tuo atteggiamento alleato e come attuare l'idea nella tua vita, puoi vedere chiaramente che è un'idea che vale la pena provare.

Attraverso le idee presentate qui dovresti essere in grado di iniziare a rendere il tuo atteggiamento il tuo alleato. Dovresti scoprire che cambiare il tuo atteggiamento in positivo è abbastanza semplice.

Una volta che hai deciso di farlo, nulla ti impedirà di raccogliere i frutti di essere positivo e renderla la tua alleata.

Si tratta di fare quel primo passo.

Devi decidere di impegnarti nel processo. Devi impegnarti a diventare una persona positiva. Devi fissare un obiettivo per diventare una persona positiva e lasciare che quell'atteggiamento positivo ti guidi.

Gli obiettivi sono molto potenti. Possono spingerti e aiutarti a raggiungere le cose. Quando hai una serie di obiettivi, lavori di più e senti di doverli raggiungere.

Stabilisci il tuo obiettivo in modo che il tuo atteggiamento sia positivo e che il tuo nuovo atteggiamento positivo sia il tuo alleato.

Ricorda che cosa si può fare per rendere tu atteggiamento è tu alleato:

- Può aiutarti a vedere la vita in modo positivo.

- Può permetterti di vedere le sfide e le avversità sotto una nuova luce che sei in grado di gestire.

- Può aiutare a ridurre lo stress.

- Può aiutarti a influenzare gli altri a vivere in modo positivo.

- Può farti diventare una nuova persona.

- Può permetterti di iniziare ad amare la vita.

Tieni a mente la storia di Loly e lascia che ti aiuti a rimanere impegnato con il tuo nuovo atteggiamento positivo. Lascia che gli esempi nella sua storia ti ricordino che il bene può venire da tutto questo lavoro.

Hai imparato cosa significa rendere il tuo atteggiamento un alleato. Sai che proiettare un atteggiamento positivo otterrà ricompense positive. Hai imparato cos'è esattamente un atteggiamento positivo e come puoi iniziare a creare il tuo atteggiamento positivo.

Sei armato di molte informazioni su come diventare una persona positiva e su come vivere una vita positiva. Il resto è nelle tue mani. Nessuno può costringerti a vivere positivamente. Nessuno può rendere il tuo atteggiamento il tuo alleato. Tuttavia, dopo tutto quello che hai imparato, puoi dire onestamente che potresti lasciar perdere l'opportunità di migliorare la tua vita?

Non vuoi vedere quanto può essere grande la tua vita?

Sei sicuro di poter vivere, sapendo quello che sai ora, senza almeno provarci?

È probabile che tu sia così entusiasta delle possibilità ora che un atteggiamento positivo è tutto ciò a cui penserai nei prossimi giorni. Inconsciamente inizierai a cambiare e per allora sarà troppo tardi per considerare di ignorare tutto ciò che hai imparato.

Sarai sulla buona strada per rendere il tuo atteggiamento un tuo alleato senza nemmeno fare molto sforzo. Inizierai sicuramente a raccogliere i frutti. Ma perché aspettare? Trasformare il tuo atteggiamento in alleato è qualcosa che puoi iniziare a fare oggi, quindi cosa ti impedisce?

Lascia pensieri negativi. Metti un sorriso sul tuo viso e inizia a proiettare il tuo atteggiamento positivo verso tutti. Prendi tutti i suggerimenti che hai imparato qui e mettili in pratica.

Trasforma il tuo atteggiamento in un alleato. Cambiare vita. Diventa una persona migliore. Aiuta chi ti circonda a vivere una vita migliore. Diventa un modello di ruolo. Sii tutto quello che puoi essere.

Non hai nulla da perdere e tutto da guadagnare, quindi rendi il tuo atteggiamento positivo. Quindi prendi il tuo atteggiamento positivo e rendi il tuo atteggiamento il tuo alleato. Fallo ora e non vorrai mai più essere un pensatore negativo.

www.ingramcontent.com/pod-product-compliance
Lightning Source LLC
LaVergne TN
LVHW050549160826
845677LV00011B/2245

* 9 7 9 8 5 9 8 7 8 4 6 1 7 *